陈彤 著

在地生长

——中国特色农庄经济探索

海峡出版发行集团 | 福建人民出版社
THE STRAITS PUBLISHING & DISTRIBUTING GROUP | FUJIAN PEOPLE'S PUBLISHING HOUSE

图书在版编目（CIP）数据

在地生长：中国特色农庄经济探索 / 陈彤著．--福州：福建人民出版社，2021.8

ISBN 978-7-211-08734-1

Ⅰ.①在… Ⅱ.①陈… Ⅲ.①农村经济发展—研究—中国 Ⅳ.①F323

中国版本图书馆 CIP 数据核字（2021）第 179720 号

在地生长

ZAIDI SHENGZHANG

——中国特色农庄经济探索

作　　者：陈　彤

责任编辑：张辉兰

出版发行：福建人民出版社

地　　址：福州市东水路 76 号　　**邮政编码**：350001

网　　址：http://www.fjpph.com　　**电子邮箱**：fjpph7211@126.com

印　　刷：福州万达印刷有限公司

地　　址：福建省福州市闽侯县荆溪镇徐家村 166－1 号厂房第三层

开　　本：700 毫米×1000 毫米　1/16

印　　张：11.75

字　　数：175 千字

版　　次：2021 年 8 月第 1 版　　2021 年 8 月第 1 次印刷

书　　号：ISBN 978-7-211-08734-1

定　　价：28.00 元

前　言

中国传统意义上的庄园，顾名思义“一般指乡村的田园房舍或大面积的田庄”。因为“庄园”这一充满田园情趣的表述，农庄经济和休闲、创意、康养结下了不解之缘。

本书所称的农庄经济，不同于一般意义上的庄园，而是强调了根植于农林牧渔第一产业规模经营的实体经济形态，是一种能够带动乡村社会、文化、经济、科技全面振兴的经济体系：它的田园、民宿、文脉，是有温度的存在；它肩负着振兴乡村社会、修复乡村文脉和优化农业产业体系的使命。

多年来，中国特色的农庄经济在向东亚地区乡村 6 级产业化模式学习的过程中，汲取了在地化的经验，并融入了具有中国特色的数字经济模式，在中华大地展开了一幅具有中国特色的跨界发展图谱，创新出人才下乡的多元形式。这样一个集生产、生活、生命于一体的跨界的农庄经济体系，会因为良好的生态环境、淳朴的乡村风情和在地物种的繁衍生息，成为慢养首选地；又能在数字经济和人工智能加成下，吸引来自地球村各处的人们。线上与线下，全球化与在地化，交织出新时代中国农庄经济发展的无限可能。而随着乡村文脉的复苏，中华民族的文化自信和道路自信也在农庄经济的在地生长中迸发出生机。

众所周知，2014 年中国社会人均国内生产总值超过 5000 美元后，

2015年的乡村休闲产业步入成长加速期，美丽乡村工程助推了农庄经济的发展。于是，在美丽乡村的沃土上，我们欣喜于一批新型职业农民脱颖而出，他们是近20年农庄经济在地生长中最宝贵的文脉与人才资源。正是这些在地乡村精英，正在点燃中国农庄经济在地生长的燎原之火。

20年来，一批富有使命感的乡村致富带头人和农业劳模成长起来，成为“十四五”开局时中国农庄经济跨界与创新发展的中坚力量。他们是宝贵的人才资源，是中国乡村振兴系统工程里最重要的领军力量，他们的成长，是政府推进美丽乡村工程升级版的底气。

我们看到，在2016年到2020年的“十三五”期间，中国农庄经济在中央一号文件的引领下，开始大踏步探索中国特色的发展道路。“乡村致富带头人”工程造就了一批有着使命感和责任感的乡村精英群体，网络时代的“新村民”为寂静的乡村注入了产业振兴的活力，两岸文创团队携手复苏了乡村文脉，民宿业发展起来。数字农庄、康养农庄、无毒农庄、集体农庄、田园综合体、家庭农场、在地民宿……交织出中国乡村的万种风情。可以认为，“十三五”时期是中国农庄经济成长的黄金五年，它所奠定的人才、产业、文化和生态基业，为“十四五”乡村振兴的结构调整和产业布局奠定了坚实的基础。

因此，中国特色的农庄经济是伴着中央一号文件的节拍成长起来的。在近20年的中央一号文件脉络里，可以清楚地看到从推进发展现代农业到建设小康社会、全面脱贫攻坚的循序性政策演进与落实。工商资本下乡和学成青年返乡作为中国农庄经济实践的重要现象，其中的正面效应在中央一号文件的引领下正在日益呈现出来。而中国农庄经济在地化的带动性与融入感，在产业结构转型、人才回流、在地就业、延伸农业产业价值链、凝聚乡村文脉、修复乡村生态、发展集体经济等方面，都起到示范和引领作用。在“十四五”规划的开局之年，乡村集体经济主导的市场化发展的集体农庄，正在成为中国特色农庄经济的典型经验。集体农庄的成长也实证了中国农庄经济是兼顾生态、效益和公平的农庄经济体系，是“三权分置”的社会主义土地制度的先进形态。集体农庄一方面代表了土地利益共享的所有制方向，另一方面呈现出现代组织治理模式下的制度创新，村民的幸福指数成为唯一重要的衡量标准。

2015 年，我在近 30 个案例调研和前期农村土地流转研究的基础上，撰写论文阐述农庄经营的土地流转政策，在当时的发展背景下对农庄经营和农庄经济进行有别于乡村庄园的定义，并通过微信公众号呼吁农庄经营回归第一产业，扎扎实实做好农业的实体产业，同时兼顾生态保育、产业效益和社会责任。在本书的第二章第一节，我还将通过阐释中国农庄经济“十三五”期间的发展与演进，进一步定义新时代中国特色农庄经济的概念与内涵。

伴随着正在发生的世纪大变革，中国特色农庄经济在地生长。随着“十四五”新基建的全面铺开，中国农庄经济将插上数字经济和人工智能的翅膀，在中华大地轻舞飞扬。置身在这样一场科技之光与山花烂漫的交辉里，我努力记录下这期间海峡两岸我的朋友圈内外的农庄故事，记录下一群平凡的人在这个黄金时期的汗水、收获、失落以及感动，也记录下人性中绽放美好的那一幕幕，记录下在不断的磨合与改正中，为美好而生的新时代价值观如何引导中国农庄经济慢下来、静下来。慢生活产业联盟开始风生水起，终于有些端倪。同时，中产阶级作为慢生活最坚定的粉丝，于无声处影响着农庄经济的价值取向。在传承与创新中，中国农庄经济以在地化的文化自信经营着五彩缤纷的生活美学。我则期望借农庄经济的写作，表达我对于平凡幸福和生命历程的感悟——

在慢下来的生活里，沉淀智慧；

在静下来的生命中，迎接使命。

基于此，本书将从社会、文化、经济的维度，建构一个在文化经济学视野下系统阐释中国农庄经济基于农业多样性视角的在地生长理论框架，再通过成功案例和成功经验模式加以验证，并尝试运用文学的笔触达到更具现场感的呈现效果。这样一种新的案例写作手法，是本着学术研究能够更接地气更具启示性的初衷，期望让读者了解到本书所建构的系统理论框架的现实场景以及农庄经济的根本意涵。同时，案例贯穿于全书，对农庄经济系统及其各模块理论进行说明与阐释，实证理论框架的科学性与合理性，并基于中华大地东西南北中的农庄典型案例的分类与分析，实证这个系统架构下的理论研究的可复制性。而案例后记则进一步从时间的横断面呈现“十三五”期间农庄经济的在地生长图谱。体例上，本书也尝试创新，力求让读者可以轻松地阅读和理解，以达到深入浅出并增强可读性的目的。

陈　彤

2020 年 11 月

于中国福州

目　录

第一章

中国农庄经济理论与实践

1955年，美国学者朱利安·斯图尔德在生态学领域引入人类学和环境科学等研究方法，由此诞生了一门跨学科理论——文化生态学，该理论的贡献之一是围绕“人类生态系统”提出文化对自然环境的适应性选择，认为文化发展的各种复杂变量间的关系，特别是科学技术、经济体制、社会组织及社会价值观念对人具有深远影响。

文化生态学的产生，使得农业多样性理论重新回归学术视野。同时，农业的社会属性、文化属性和产业属性赋予农庄经济丰富的内涵和外延。尤其在产学研体系的推动下，农庄经济的供应链和价值链体系不断延伸、改进并增值，演化出以日本、韩国和我国台湾地区为代表的著名的乡村6级产业化的东亚范式。进入中国大陆后，乡村6级产业的理论与实践的东亚范式，被赋予了在地化和制度化的中国特色，涌现出诸如田园综合体这样一种更具生态效益、文脉影响和在地带动性的农庄经济模式。

于是，农庄经济的中国道路，在文化生态学理论和农业多功能性理论统筹下，在地实践并演进着。生态、效益、公平作为普适性的经济发展原则，也将用作接下来架构中国特色农庄经济理论体系的前提准则。

在文化生态学的视角下，如果将具有带动性的农庄视为农庄经济的文化源地，那么，农庄经营与在地乡村产业、乡村文脉、现代科技乃至乡村社会组织间的相生相长，以及维系着它们的产业链、价值链、创新链和生态链的共生性，将构成一幅集生产、生活、生态（三生系统）于一体的具有东方天人合一智慧的农庄经济生态图谱。它的在地化的融入性与带动性，强调与乡村自然生态和在地文脉的和谐共生，并依据各自的乡村特质来定位。因此，农庄经营可以很纯粹，也可以很跨界。

近50年来，中华文化圈内的东亚农庄经济的系统构建与在地生长的实践，在文化生态学引领下，基于多样化的在地文脉和价值定位，达成了如下共识：

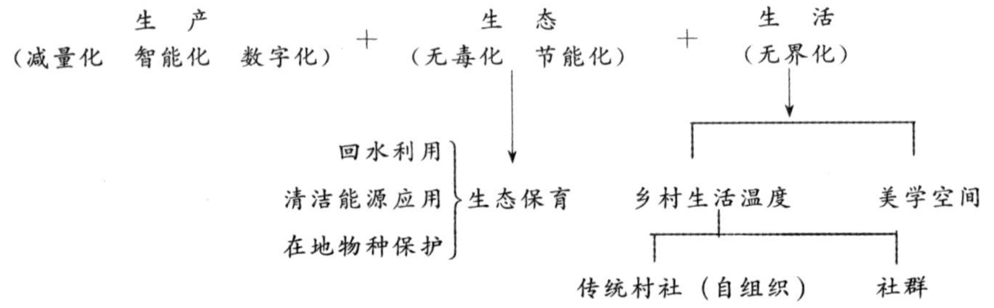

图1 农庄经济的三生系统范式

而中国乡村，作为中华传统文化的发源地和中华民族的根脉所在，其源流性的传承往往仰仗于传统村社文化的留存。在研究闽南文化的时候，我发现闽南地区经年不衰的民间信俗节庆，都是由传统村社的头家、里长来牵头组织的。这种源于旧制的邻里文化，与新中国成立后的村镇建制和谐共存着，它存在的合理性，就在于它代表着乡村生活的温度，是乡村文脉的一部分。

在台湾地区和闽南的不少乡村，"里长制"一直延续至今，民俗活动的动员和组织往往是由这样的乡村传统"自组织"来实施。这种延绵世代的自组织网络，通常被称为"熟人社会"，其弊也深，其利也大。利弊之间，就要看组织者的德行高下。在台湾民间，这样的"自组织"也不断规范化，甚至出现了理事会这样的现代治理结构。乡村再造的项目由理事会带领申报和实施，进入理事会为乡村服务则成为一种风尚和荣誉。

相对而言，社群的发达是网络时代的产物，从追星到吸粉，社群文化与商业社会的联结往往被刻意渲染。然而，社群显然代表着对于共同的生活爱好或者利益的崇尚，诸如书法社群、多肉植物社群、单位社群、会议社群……社群化可以有温度，也可以很理性，在网络社会和数字化中国，它已经无处不在了。这就是生活！可以很简单，也可以很繁复。让它变得生动有趣的，就是正在变得无处不在的生活美学。所以，乡村文创和美学空间，是农庄经济美好的外衣，亦是农庄经营价值创造的起点。

因此，农庄经济理论体系需要架构在这个“三生系统”之上。同时，作为一种跨界集成的产业经济体系，农庄经济所涵盖的乡村文脉修复、慢生活产业，以及农产品供应链与价值链等，让它的理论研究又有了跨界的思维。

据此，本章将尝试从文化生态学的视角基于农业多样性理论来建构农庄经济的理论体系，分列出在地发展、开放性发展和社会责任三个理论模块，再由三个理论模块交互作用形成三大圈层——奠基层 A、交集层 B 和应用层 C，以此说明农庄经济是乡村振兴和生态文明的重要承载与发展模式（图 2）。

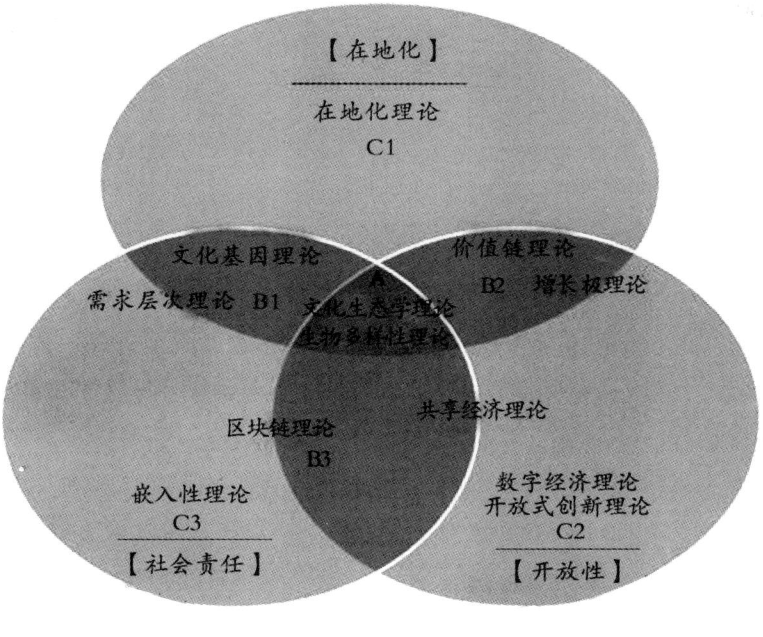

图 2　文化生态学视野下的农庄经济理论体系

位于中心的奠基层A由农庄经济发展最重要和最根本的两大理论构成——文化生态学理论和农业多样性理论。这两大理论作为农庄经济发展的价值取向、发展方向与系统建构的奠基性理论，确立了中国特色农庄经济之于中华传统文脉与现代科技文明的桥梁功能，以及对于乡村社会可持续发展的积极意义，尤其是其对于修复乡村文脉的在地贡献和作为现代科技承载体的产业价值。温铁军2020年在“喜马拉雅·三生讲坛”提及东亚地理和生态资源的多样性对农业多样性的形成具有至关重要的作用。因此，基于文化生态学的理论，地域性的农业多样性与文化多元性，衍生出异彩纷呈的在地化概念，并最终形成地方特色。也就是人们常说“一方水土养一方人”，正如不同乡村的农业制度和农耕文化是由各自不同的地理风水和物种特质所决定的。这种地方特色无论是对农庄经济顶层设计中的差异化定位还是壁垒性建构，都具有重要的战略价值。

在B1层，基于在地化和社会责任，文化基因理论将应对需求理论所指示的消费层级和趋势，思考在地文脉的传承和创意对农庄经济价值定位的意义。基于文化基因理论，在地文脉的挖掘催生了创客经济，而对自然生态的保育加速了在地文脉的复苏。“传承—创新—发展”的周而复始，延绵着文脉迭代与文化自信的建立。受益于这样的外部性的正向效应的农庄经济，也就有了与乡村文脉共同成长的理念。同时，经济的发展与文脉的复兴，带动着人的需求层次的不断提升，自我实现和超越自我的心理需求，伴随着对社会责任的认同度，推动着消费文化的演进和消费结构的优化，以及消费模式的不断创新，慢养和回归自然的潮流也催生出农庄经济发展中多样化的新需求和新业态。

在B2层，在地化与开放性赋予了农庄经济冲破区域阻隔的动力，产业发展循着增长极理论与价值链理论的轨迹，将产业裂变与增值的理念贯穿于农庄经济的在地发展及其开放性成长过程中，并不断在实践中试错与创新，不断衍生出新的价值增长点。于是，在全球化的平台上，乡村文创可以很在地，也可以很潮流。农庄经济的开放型经济格局会因为价值拓展的个性化而更具有在地吸引力；反过来，在地产业的极核效应也随着价值链的拓展呈现出更加个性而鲜明的定位。

在 B3 层，基于社会责任和开放性发展的考量，共享经济理论与区块链理论相互加成，技术裂变带来的要素资源的可汲性和技术转化的低成本性，充分展示了新时代科技的日新月异及其给人类带来的福祉。一个既能够通过技术嵌入建构农庄经济的信用体系和农产品全产业链溯源体系又能够在开放平台层面促进技术等要素资源的共享与协作的系统，完美地呈现在我们面前，它为农庄经济的发展提供了一个要素与资源聚集的高效而安全的开放性平台，在知识产权保护背景下创造出了一个高效的智慧碰撞与技术协作的低成本空间，从而以最低成本最高效率为农庄经济发展提供所需的解决方案。

最后，在应用层 C，在地化、开放性发展和社会责任在轴心层 A 的理论统领下，在交集层 B 经过理论与实践的检验，将各个模块的理论基础与价值定位确立下来，并给予创新和发展。在不断的理论创新与运用的协同中，农庄经济永续发展的理论指导体系也随之演进。

综上，未来的中国农庄经济将沿着两条轴线发展——第一条轴线是农庄在地化经营的融入性和带动性，第二条轴线是农庄开放式经营的数字化与智能化。其中，在地化成为农庄经济可持续发展无法回避的核心主题。显然，农庄经济体系的在地生长，必然要根植于在地乡村社会这个土壤。因此，中国特色农庄经济的发展范式，将基于中国传统村社文化的在地特质来建构和演进其理论与实践体系。同时，农庄经济所承载的社会责任也将贯穿其间，成为农庄经济品牌建设的重要指标。在数字经济时代，数字农庄必然不会缺席。

于是，在中国经济回归实业的价值趋势下，农庄经济也正在从概念化的资本运作阶段落地到农业和农村发展的产业实体优质化发展阶段——工商资本为“三农”添砖加瓦，而不再喧宾夺主。这个过程，也是中华传统的“农本”价值观回归的过程，乡村的发展将以农民的福祉为核心，乡村的振兴推动着中华民族的文化自信在民族血脉里斩不断的原乡情结中复兴！在地化、农业现代化、社会责任、乡村文明新风尚，通过农庄经济这个载体，经由产业的振兴和文脉的传承，推动着乡村社会这个中华传统与民族精神的发源地，重新焕发生机。

第一节 农庄经济在地发展的理论实践

农庄经济在地发展的理论体系以在地化理论为核心，主要涉及文化基因理论、需求层次理论、价值链理论和增长极理论（图 2）。前两者阐释在地乡村文脉与在地经营的社会责任，后两者阐释在地产业的“链主”效应。

在实践中，东亚范式的农庄经济是在家庭农场基础上，基于传统小农经济范式，在兼顾生态、效益和公平前提下的乡村振兴产业模式。中国特色的农庄经济则进一步探索在地化乡村治理的创新及村社理性演进的范式，将制度优越性嵌入产业发展体系中，创造性地走出诸如集体农庄这样富有中国特色的农庄经济发展道路。

一、农庄经济的在地产业生态

从田园综合体到集体农庄，中国农庄经济的文化生态更具多样性，更加在地化，在这条路上，传承了天人合一生态文化的走进现代科技殿堂的人们，将可以“勇敢地活成喜欢的那个自己”!

以乡村 6 级产业打造田园综合体，需要统筹协调在地农庄经济的生态文化圈特质，以更好地集中并统一呈现出独特的地方魅力及文化符号——唯有不可复制的地方特色，方可弥漫出乡愁的味道，形成深刻的地方记忆，从而成为乡村文创永不枯竭的源泉，以保持田园综合体的生机与活力。这，就是在地化的意涵。因此，基于在地化，在农庄经营乃至农庄经济的成长过程中，中国乡村社会的传统“自组织”和乡村文脉，会是一笔宝贵的在地资源。无论是工商资本还是“新村民”，与乡村“自组织”达成共识，将是其在地化发展的关键。也因此，农庄经济是一个涵盖了产业、文化与生态可持续的系统工程，在地产业生态的营造也是一个持续的工程。

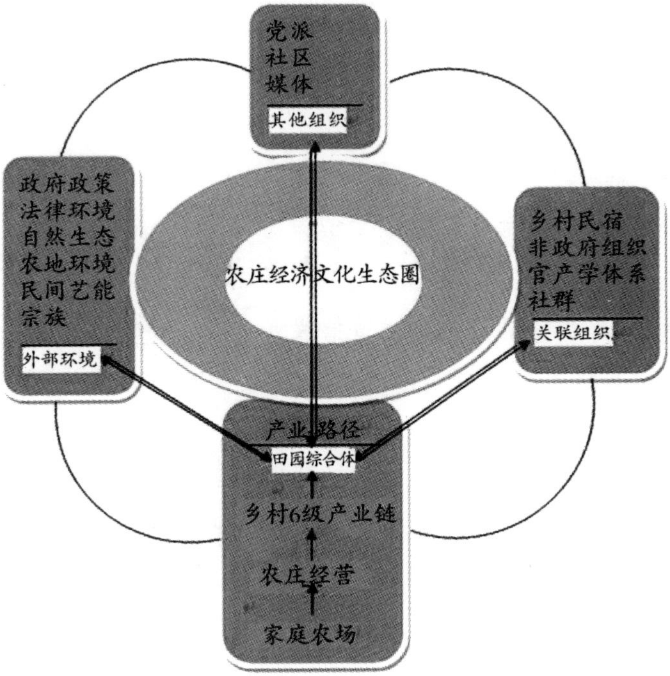

图 3 文化生态学意义上的田园综合体

1. 在地化的人力资源体系

在农庄经济的在地产业生态中，我们首先要讨论的是人才和劳动力的在地化问题。我们看到，以农庄经营引领的集体农庄，抑或田园综合体，正在中央一号文件的助力下，在中国村镇拔地而起，成为乡村振兴一道亮丽的风景线。但是，农庄经济永续成长的核心要素——在地人才，始终极其稀缺，尤其是在地精英群体的规模远跟不上农庄经济的生长节奏。乡村产业如何吸引人、留住人、培养人？仍需要体制上的助力和机制上的“赋能”，需要乡村振兴战略引导力、号召力与市场化、智能化的加持。

在迈向乡村 6 级产业化的过程中，日本政府为新农人提供财政金融支持和农业社会化服务平台支持，大力推广和鼓励使用能够减轻劳动强度的智能农业器械等，以方便妇女和高龄者务农，并以此增加农业的“兼业”人口，其经验值得借鉴。

链 接

制度上的日本经验——培养新农人，推进现代化①

日本政府的政策措施十分注重培养新农人，尤其是把重点放在培育“有营运效率并能安定经营的专业农业经营者”上。同时，也致力于辅导新进农人和女性及高龄加入者。

日本政府的“农业改革基金”为农业生产法人提供可以分期10年偿还的最高5000万日元的无息贷款，并且前3年可以不偿还。另外，农业经营者购买技术先进的机械，可以获得50%以上的政府补贴。越先进的农机采购，获得的补贴力度越大。因此，日本农民都积极使用农业机械和先进技术。

日本政府为促进农业经营现代化，除了向入农者提供农业改良资金、农业现代化资金和农林渔业金融公库资金这三大农业制度资金外，还提供包括长期低息贷款、“为支持减轻农家负担特别资金”和“自耕农维持资金”等贴息措施。同时，实施强化农业经营基础资金、确保融资额度等措施。其中的资金政策导向十分明确具体。例如：农业改良基金主要用作青年农民和新入农者的培育资金，以及鼓励新技术新品种的采用；农业现代化基金主要用于农业装备升级改良；农林渔业金融公库资金主要用于土地改良、造林、渔业基础设施等基础设施的改善，以及专业农民的培训。日本政府还给予进入农企业研修的大学生或青年农民相当于大学本科毕业生薪酬水平的生活补贴，给接收这些新农人研修的农业经营者一次性50万日元的补贴。对于地区内新进农业者，有专门

① 陈彤．新农法与新农政下的日本农业复兴经验．亚太经济，2019（5）：70—75.

的资源和辅导政策措施，如《食品、农业和农村政策的新方向》规定向参加农业教育和培训的新农人提供每年150万日元的补助资金。

日本农林水产省整合各个机构和农户农企业的气象、农地、土壤、农作物产量预测、地图等大数据资源，于2017年8月成立农业资料联合基础平台，在2019年正式运营。此外，还建有专家库系统，实现know—how（技术诀窍）的资料库化，方便新农人和年轻人学习和运用相关知识。在终端支持领域，政府推动产销资讯与云端系统衔接，以建立生产者、消费者和加工者之间的信赖，建构农业IT市场规模，稳定供应链系统。

日本政府还通过“农事组合法人”制度，鼓励3户以上的农户成立农事组合法人，这样不但可以享受购买农机具、土地流转、融资等方面的政府补助，还能加入农协成为团体会员。

为实现低成本零门槛务农和农业生产效率最大化目标，日本政府推出整体推进方案，突出农业机械化、智能化和现代化改造，例如推广妇女和老人都可以操作的简单易学的轻便型农业机械，让这些农村弱劳力也能加入到农业生产中，同时能吸引年轻人回归和社会资源的支持，实现城市和乡村、农业和现代化的共存共生与永续发展。

日本“农林水产业行业·地区活力创造”计划围绕年轻人回归，推动建立“农业新一代人才投资资金”，提出发展“智慧农业”、乡村6级产业和农业农村整体收入倍增目标，从而在政策规制和补助金等方面重新构筑吸引年轻人回归的财政支持体系。农林水产省还推动各省和地方设立“农渔村工作岗位咨询窗口”，创新性推进乡村就业。从2009年开始，日本加速农业去保护化和农地流转进程。农林水产省统计数据显示，鼓励民营企业参与农业经营的政策出台后，截至2013年，进入农业的民营企业数量达到1392家，是2010年的8倍。

自新农政发布后，经过最初5年左右的官产学研共同推动，智慧农业彻底改变了日本农业落后的产业面貌，发展出一个超节能、高效率、机械替代、产品和产能稳定，并且所有人都能轻松参与的产业新形态。因此，尽管官方公布单纯农业经营所得从1990年的6.1兆日元下降到

2011 年的 3.2 兆日元，但在政策效率激励下，2007 年以后的新就农者数量一直稳定在 5 万人左右，并且呈现出明显的年轻化趋势，如表 1 所示。

表 1 2007—2013 年日本农业新就农者调查

	农业所得（兆日元）	新就农者总数（万人）	49 岁以下新就农者		44 岁以下新就农者	
			人数（万人）	占比（%）	人数（万人）	占比（%）
2007 年		7.346	2.105	28.66	—	—
2008 年		6.000	1.984	33.07	—	—
2009 年		6.682	2.004	29.99	—	—
2010 年		5.457	1.797	32.93	—	—
2011 年	3.2	5.812	1.860	32.00	—	—
2012 年	3.2	5.648	1.928	34.14	1.726	30.56
2013 年		5.081	1.794	35.31	1.602	31.53

尤其从 2012 年开始，44 岁以下年轻就农者大量增加，每年都有 1.5 万人左右进入农业领域。另一组数据显示，截至 1999 年 12 月底，日本认定农业者共 143966 个经营体，其中含法人 4911 个。若以此为基数，2007 新农法推行当年，新入农者增加了 7 万多人，相当于增加了 50%的农业经营个体，政策效果还是很可观的。可见，农业智能化和高附加值的经营前景，有效促进了年轻人的回归，这种可持续发展与活化的开端，是日本农业振兴农村复兴的最大亮点。

在中国乡村，新农人在地化所面临的挑战也需要制度层面的突破与化解。返乡知识精英的在地化认同，即农庄经济整体推进中乡村社会对于“新村民”的接纳程度，是农庄经济发展必须直面的问题。从本地化到在地化的观念变迁，一定程度上得益于乡建组织经年累月的理念推广。更重要的，是受益于“新村民”有目共睹的在地贡献。2019 年，我主持福州市委统战部理论研究课题，问卷调查显示，村民普遍以“是否为乡村作贡献”作为在地化衡量与接纳的标准。反之，村庄的开放度

和接纳度，也是吸引新农人的重要因素。在这个过程中，新乡贤群体的成长也成为中国农庄经济在地生长的一种文化现象。

为了弘扬乡贤文化，上海闵行区率先将土地确权标准与对村庄的贡献度联系起来，表达出对乡贤在地贡献的认可和对乡村包容性的引导。闵行区的规定是：已故但是对村庄做出过贡献的村民和对村庄发展做出贡献的返乡青年可以分得土地股份。如此，以乡村发展和在地文脉为导向的贡献度评判标准，为乡村社会注入了人文之气，推动着乡贤文化在地生根，也弘扬了公平、正气与担当。

因此，新乡贤在乡村振兴中的作用，已经日益受到各级政府的重视。中华传统文化里的原乡基因召唤来的回馈桑梓的新乡贤们，是工商资本下乡大军里最有公益情怀的一群人，他们的乡创理念会因此更加贴近“农本”思想，能够尊重在地的乡村和乡村的居民。他们也是2020年中央一号文件精神最踏实的践行者——所谓科学引导工商资本下乡，就是要让工商资本成为农业现代化和农民增收的催化剂，成为乡村振兴和乡村文明新风尚的标杆。

新时代，“新乡贤”“新农人”“青年创富带头人”等乡村精英，与村民一起建构的乡村振兴人才体系，正在网络和科技的助推下，经历着在地化的脉动与考验。

2. 城乡融合的市场供需体系

首先，网络时代将城乡两个市场完美地链接起来，社群文化在城乡融合的市场化体系中扮演着日益重要的角色。

电商时代，农庄经济的价值创造贯穿于其供应链和价值链的全过程，又随着数字经济的深入应用裂变并创造出无穷的价值节点，新需求带动新供给，新供给引爆新需求，最终形成一个动态和不断膨胀的价值创造闭环（图4）。在这个过程中，社群化随着网络化的全覆盖成为无边界的组织存在，构成网红经济的粉丝基础。数字平台则为新媒体和网红经济提供了极低成本和极其高效的运营舞台。

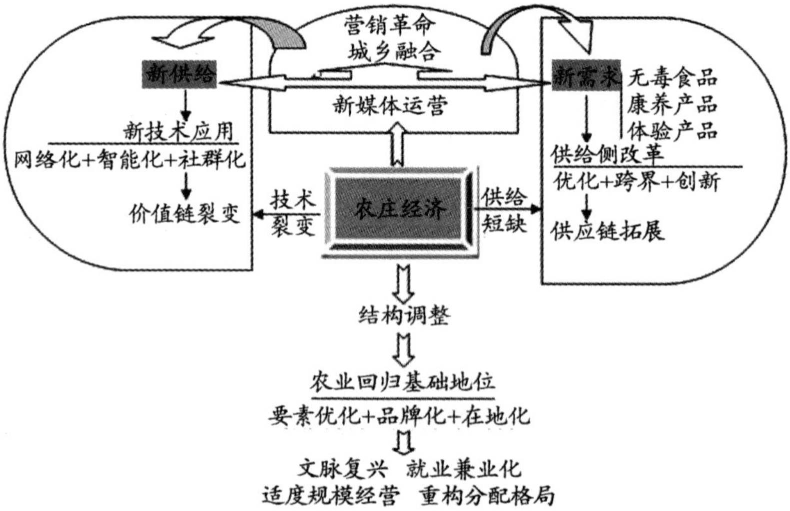

图 4 农庄经济的运行机理

新媒体和网红们的成长，也就是消费教育体系的成长，消费理性和消费冲动一旦合二为一，成熟的消费群体就养成了。而随着中国经济的成长，成长起来的消费者必然会增加对于优质农产品和无毒食品的需求，农庄经济体系就会迎来结构调整的拐点，优质农庄和优质在地农产品被市场高度认可，农庄经济品牌化的溢出效应将得以彰显，科技和文创对于农庄经济的生产力权重随之加强，以满足消费升级的需要。

于是，农业产业现代化进入了加速发展的时代，农庄经济的高科技与生态化的品牌形象得以塑造与夯实，农业产业真正回归国民经济的基础地位，乡村文脉也将日益丰满，农庄经济的运营步入良性发展的阶段。

新冠肺炎疫情的出现，在给农庄经济带来挑战的同时，也带来了产业形态的转机——高科技、数字化与智能化的新机遇，开始吸引年轻人加入农业产业。数字经济引领下的农庄经济首先表现出营销层面的创新与创意。新媒体无处不在，无孔不入，送达量、转化率、购买率等盈利运营指标以及诸如社区黏性、网红经济、直播带货等新的营销名词让人目不暇接，内容作为吸引流量最廉价的方式，不断催生出内容创造和各种送达形态以及附着的流量平台。进而，平台多元化、个性化的创新拓展也使得内容营销的定位功能日益精准。而伴随着慢生活潮流的到来，农庄经营似乎也迎来了定制化的时代。

新媒体的传播功能既产生了新供给，也创造性地激发了新需求，并因此形成一个又一个供给和需求的小闭环，不断推动农庄经济产业结构的调整和优化。我们置身其间，见证农庄经济在地生长的异彩纷呈，见证在地农业产业与在地农庄品牌经营如何落地生根，见证乡村文脉日渐复苏，见证农庄经济成长为乡村振兴工程的产业龙头。

其次，在农庄经济体系“供给—需求”领域的市场化建构中，有一个独树一帜的在地产业——农庄康养。与东方文化相契合的马斯洛需求层次理论的第六层级需求的理论演进，正是基于超心理学领域所提出的超越自我的内在需求。在中国，它成就了农庄康养的一种境界——禅修，被受到回归自然主义倡导的社会奉献与热衷公益的价值准绳所牵引的当今中国中产阶级所追捧。于是，乡村作为远离城市的僻静之地，迎合了这种清新与安宁的生活选项，和为这一选项而生的庞大的中产阶级群体的生活追求。连同慢生活潮流一起，农庄康养悄悄浸入了农庄经营的发展理念与经营形态之中。

链接

马斯洛需求层次理论

马斯洛需求层次理论认为人的需求有六个层次：生理需求、安全需求、社会需求、尊重需求、自我实现的需求和自我超越的需求，进一步形成 X、Y、Z 三大理论应用层（图 5）。以康养农庄为例，首先，农庄的无毒农产品和康乐项目，可以满足 X 层的享用美食和放松身心的需求。接着，通过研学交流、手作体验等开阔视野、增长知识，感受身心的成长，随之派生出新的需求体验，将逐渐催生城市社区的养生文化及其资源与农庄生态及其经营项目的嵌合性，从而在 Y 层显著提升农庄康养的服务与体验。在Z层，自我超越的需求被认为属于超心理学领域，源于人类对于超越宗教认知的宇宙的敬畏之情，进而开始回归自然主义，愿意奉献，热衷公益，是马斯洛对于之前提出的五大需求理论的深化。

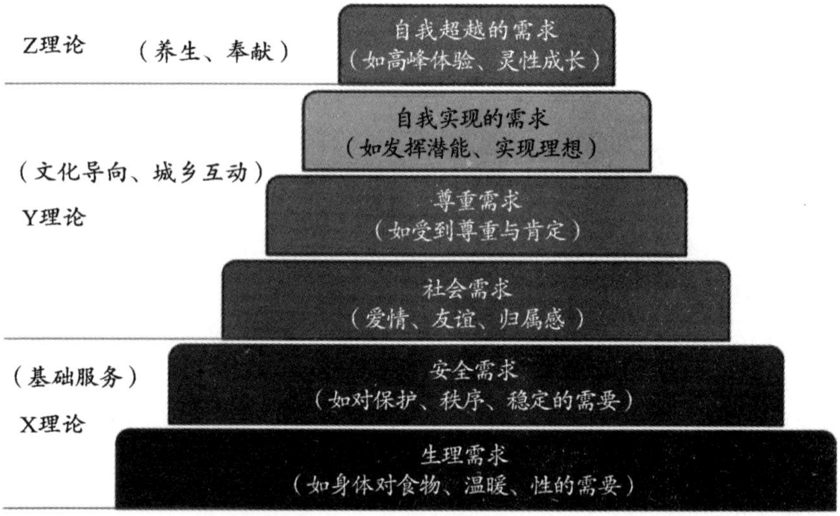

图5　马斯洛的需求层次理论

马斯洛发现，超越需求不仅存在于宗教界人士、诗人、知识界人士、音乐家之中，而且也存在于企业家、事业家、经理、教育家、政界人物中。而田园综合体、美丽乡村、特色小镇的自然生态特质正迎合了超心理学静修与公益等潮流趋势。

最后，在农庄经济的生态体系中，“在地化”会一再地被强调，因为根据“农本”思想，将农庄经济运营中所有的产销环节围绕着把经营利润留在农村惠及农民这个价值定位来设计，才最符合乡村6级产业的初衷，也是解决“三农”问题与振兴乡村的目标与根本所在。

一方面，根据东亚范式，在地化的核心理念是“地产地消”，意思就是在地生产的特色农产品及其加工产品，消费者只有来到当地才可以尝到最道地的口感和最正宗的味道，甚至只有在当地浓郁的乡土氛围里，才能品出其中曼妙的滋味。这样用心营造出来的在地化氛围，成为独特的乡村文脉和休闲资源，不需要大笔的投资和大量的装潢，就因为“在地”甚而“量产”而成就了“酒香不怕巷子深”的美好，吸引了源源不绝的访客。

对于“地产地消”范式的深化，则首推日本的“责任农业”，这一经验随之在中国台湾和韩国得到推广，成为农庄经济在地化的典型经验——即在产品甄选环节，通过产品细分去突出优品的品牌价值，从而卖出好价格，提升产品盈利能力；在运销环节，推动农庄直接对接消费者，农庄作为农产品质量的第一责任者，通常采用农产品的可溯源技术，例如运用二维码溯源来支持产销对接的安全监管。由此，安全、优品的品牌价值经由产品细分和品牌运作得以升华。

另一方面，在地化基于本地化基础上的开放包容性，使得农庄经济的发展可以集聚更加广泛的要素和资源。

链 接

本土化与在地化

在地化（Localization）是相对于全球化的另一种趋势和潮流，强调对于当地文化和传统的融入、变迁和贡献。它不同于本土化（本地化），能够包容外来文化和外来产业——只要对本地社会、经济、文化做出贡献，就能获得在地认同，成为当地的一分子。日本、中国台湾的一村一品等都属于在地化的实践。

在地化理论强调在地关怀及在地乡村文脉，通过在地文脉修复和保护，使得在地认同和在地特质得以永续，成为农庄经营外部性的一部分。在中国乡村振兴过程中社会机构、工商企业、专业人才扎根乡村的在地化实践，如“新村民”在地化的正在进行时，正在推动着乡村振兴，并重塑乡村的社会结构和文脉。

在台湾，在地化理念的营造复活了乡村意识和乡村产业，让台湾人在满满的“小确幸”里怡然自得。在地精品化特产与休闲产业结合，既保育了生态也发展了农业产业链。农业附加收益经在地文脉加成，收入倍增。台湾乡村基于对在地化资源的把握，“自下而上”的运作避免了形而上的决策，能够在最贴近乡村居民需求和最有利于乡村经济成长的选择上优化方案，这与台湾社会重视应用导向与民生幸福的理念不谋而合。

尤其台湾的乡村通识教育很善于挖掘在地文化的多功能性，如引入国际流行的四健（身心手脑）教育活动，立足在地化特色产业元素，经由农会在乡村社区推广，并配合开办家政成果展、茶艺大赛等活动，营造乡村文化氛围，强化在地化生产与生活的归属感，让村民切实感受到在地文化与在地产业的价值，让离乡青年和都市人重新感受到乡村的文化魅力，吸引更多的知识青年到乡村从事结合当地文化的艺术创意项目，从而在传统的基石上让乡村文脉与乡村产业拥有传承与发展的无限空间，营造出对乡村文脉与生态自觉的认同氛围，为农庄经济奠定成长的根基。

台湾卓兰乡农会，严格执行甜度和果形两个重要的水果分级指标的标准，农会配备日本进口（光波）甜度测试仪，确保在地产品分类标准的执行。玉井乡的地产杧果是日本引进的品种，因在玉井乡种植后品质出色而闻名遐迩，玉井乡农会带领农户加工杧果干，并拓展在地休闲产业——“冰馆”业，2011 年就成功开设 3 家“冰馆”，到 2012 年发展加盟了 3—5 家，产品总是供不应求，“冰馆”从玉井开到台北，又开到广州。“玉井杧果”注册成为知名地产品牌，玉井乡则成为著名的观光休闲地，最新鲜最好吃的杧果一定要来玉井乡才能品尝到，这就是在地化的真谛！

二、农庄经济的极核效应与带动力

当下的中华大地，供给侧改革推动下的新供给和随之诞生的新需求，催生出一个又一个风格迥异的在地化农庄形态。其中的一些农庄，或因为在地生态的吸引力，或是农庄社群的活跃度，抑或生活美学的弘扬，吸引着来自五湖四海的人潮，成为闻名世界的“中国农庄”！这样的“中国农庄”，它的极核效应会带动新供给和新需求的不断产生。

链 接

增长极核论

增长极核论是1950年法国经济学家佩鲁提出的，认为经济增长通常是从一个或数个“增长中心”逐渐向其他部门或地区传导。

增长极对经济具有带动作用。在地化的农庄龙头直至乡村6级产业化，终将成长为区域经济的增长极。

有了“十三五”规划的良好基础，“十四五”期间工商资本下乡对于农庄经济发展的正向效应，在中央一号文件引领下，将能很好地发挥出来（图6）。

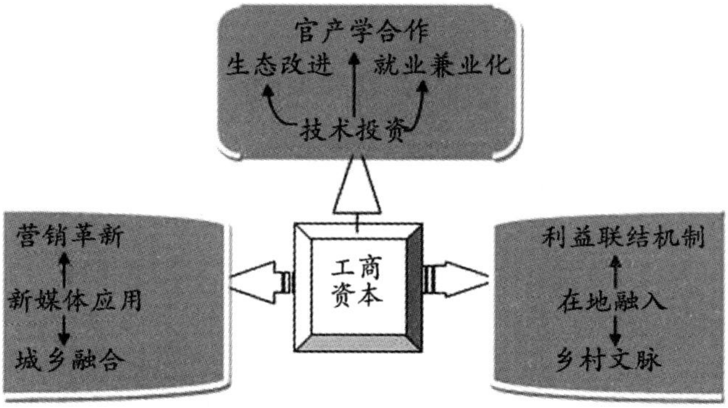

图6　工商资本下乡的正向效应

首先，农庄经济的研学基地化和技术示范园效应在工商资本的推动下，会加速中国农业产业的数字化与智能化应用进程，现代农业的产业形象会贴上高科技的标签，从而一改传统农业弱质化的形象。在福建省闽清县的溪源村，有一所乡贤投资的“微农学堂”，这是一个由废弃的小学改造的乡建平台。它吸引创业者的原因首先就是平台所营造的开放性创业氛围——允许试错并接纳外来精英的项目入驻。它的定位是通过示范效应带动乡村发展，具体的做法是吸引创业项目落地和建设农业新技术和良种示范基地。而诸如"竹海庄园"的阿强嫂这些在地蛰伏多年的农庄经营者，于是开始思考与村庄和村民合作共赢的龙头带动创新模式，希望在践行农庄社会责任的实践中，为村庄做贡献，进一步取得在地化的认同与信赖。

其次，随着工商资本下乡的新媒体将在城乡融合领域抹平城市和乡村的数字鸿沟，顺利完成产销对接，并创造出新营销时代的革命性成就。"十三五"期间的工商资本下乡，在新媒体领域创新出的营销裂变模式——短视频、直播带货、网红经济，着实火了一把。

位于南京郊区句容县的"丁庄葡萄"和鼎鼎有名的"葡二代"，通过从日本等国引进葡萄良种和先进的田间管理规范，逆袭打造出著名的家族化葡萄产业链。"葡二代"们多次组团赴日本学习葡萄种植，学成归乡的他们，不但建立起与日本葡萄行业协会的联系和常态化的研习机制，还改良品种与种植技术，将葡萄产业不断精进，红红火火开了淘宝店，做起微商，直播带货更是不在话下，并学习日本 6 级产业化经验，开发出葡萄曲奇饼干、葡萄奶昔、葡萄面条、葡萄果干、葡萄果冻、葡萄饮料等 10 多种葡萄衍生产品，"葡二代"的名号就这么打响了。如今，丁庄作为华东地区最大的葡萄产地，葡萄年产量 2 万多吨。[①] 以葡萄产业为增长极，依托良好的生态环境，五星级的慢养主题酒店拔地而起，志愿服务风生水起，节庆评选轰轰烈烈，一个完备的乡村 6 级产业化形态形成了。2020 年丁庄村被评选为"全国乡村旅游重点村"。疫情之下，丁庄葡萄天猫旗舰店上线了——O2O 模式，成为疫情之后农庄经营的标配。

可见，经历着营销革新与技术革命的农庄经济，必然会在年轻的活

① 翟德润，程稳，董晨. 句容丁庄"葡二代"两赴日本取经 让一季葡萄变身"四季富民果". 中国江苏网—新华日报，2017-08-21.

力里沉静下来，思考在地融入的现实路径与方法，以及如何践行社会责任，和乡村一起保育乡村文脉，培养乡村文明新风尚；如何完善在地化的利益联结机制，从而在文化、经济、科技方面推动乡村社会的进步，与乡村社会一起成长。

同时，农庄经济的极核效应的打造是它作为乡村振兴工程的产业龙头的使命，也是市场化的必然。海峡两岸农庄经济实践经验表明，没有围墙的农庄，是在地化及其带动性的一个方向。无边界的农庄经营理念，辅以各具特色的农庄节庆，就将农庄经营的极核效应淋漓尽致地展现出来——农业经营不再是单纯的农业产业链，而是走向一种“与生物共生、与村庄共栖”的品牌价值与文化经营。

例如，崇明岛这样一个深得造化厚爱的生态岛，因着生态的资源，岛上的农庄也就成了“天之骄子”，可以理直气壮地打出“有机”的品牌，这样的“有机”，也不再是噱头。这样的生态优势是不多见的。假日岛农庄领办的家庭休闲农场的合作组合，呈现出农庄经营在地化与可持续的成长智慧与实践，这样的在地化融入与带动，凭借社会化服务的基本收益，可以在农庄经营的低谷扛住收益的底线，给农庄战略调整一个从容的回旋；也可以在农庄经营的上升期，由规模效益的加成，迅速拉起一二三产业联动的架构。因此说，农庄在地化的带动性与融入性，是基于共同的利益和愿景、基于村庄在地资源和产业特质、基于农庄与村庄良性嵌合的系统工程。

案例

村庄里的农庄

再到崇明岛，已是黄梅时节，从地铁1号线转申崇三线到达崇明岛，再由岛上从北向南穿越半个时辰。来到假日岛农庄的时候，天，已经黑了，雨，在不停地滂沱着。稀疏的路灯下，依稀望见车窗外满眼的绿，还有掩映在绿树丛里的种植大棚。路上已经没有行人，而路两边的草花，开了一片又一片，一副繁花似锦的气派，于车灯的映照下，显得分外美丽。这就是我初到假日岛农庄的感受——即使在暗夜里，在大雨滂沱中，透过车灯和不远处农家窗户透出的灯光，我还是看到了一大片浓浓的绿。热情的司机介绍说："这里最有名的就是草莓了。"

忽然望见车窗二三十米外，有一座农舍，于静谧的雨夜，透出一两点灯光。不禁遐想，这里的人们，这样安然地守护着这方田园，是如何的知足。热情的司机介绍说，农庄没有围墙，农民和农庄组成合作社，依旧保留着完完整整的乡村。

看了假日岛农庄的资料后，知道它是一个村庄里的合作联盟，一个把在地化的融入性与带动性，引入现实运作层面的农庄。看着这一片安静却生机勃勃的土地，我打心眼里佩服创业者当初的气度和智慧。这里，没有繁华，没有喧嚣，它能吸引到的，是同样有勇气和智慧的人们。没有太多刻意的装点，也去掉了乡村的凌乱，在这样的安静里，或品茗，或垂钓，或漫步，或采撷……回到初心的慢生活，原来是这样简单的过程。

我们如约在晚上8点前到达农庄，住的是农庄的"六和苑"。而我，是农庄唯一的客人！遇上暴风雨，其他客人在天黑前都离开了。

洗漱好，冲上一壶茶，打开屋子里的灯，就着雨声和雨后的蛙声一片，开始翻看手机里的留言和近日拍下的旅途风景，完毕，看下时间，21∶47。可是，我却错觉是子夜了。原来，时间，在静谧里，是会慢下来的。

第二天，我在无边的安静里醒来，听到院子里有一两声狗吠，鸟儿的啼鸣声也渐渐此起彼伏，却不似平时在都市家里那么热闹一片，也没有夹杂着脚步声、吆喝声、车轮声……一会儿，竟有一只青蛙开始发表它的晨诗，响亮而有节律的吟诵，似乎是在向这静谧的乡村献上它的满心欢喜。已经是上午10点26分，想必蛙儿鸟儿也让这静谧娇惯久了，可以睡到自然醒。

推门来到餐厅，饭菜已经做好了，蛮可口的家常菜，喜欢的菜还可以多盛点。上午时间，工人们来得比较齐，一人一个餐盘围在一起吃饭，让我想起人民公社，大概也是这样子的吧。而我，全然不像客人，在这个乡村里的农庄，我自在而舒适，像落在大地里的一颗尘埃。

吃过饭，雨小一些，就撑了伞，去巡庄。农庄的路被雨水洗得发亮，路两边绿油油的一片，原来是玉米地。过不了多久，就是玉米丰收的季节了。这个季节，岛上随处可以见到一丛丛一片片的玉米地和自然生长的玉米。

2007年，湖北商会副会长闵联园艺余进董事长，在崇明县北双村租下1000亩地，注册上海假日岛现代休闲农业发展有限公司，2009年，又联合了周边几十家家庭农场，成立了家扶家果蔬专业合作社，由农庄负责以草莓为主打的农产品的规范生产和统一的品牌经营。为了确保家扶家农产品的绿色安全，合作社不遗余力抓规范培训和规范管理，为此建立了一套生态化生产可追溯制度，并指定专人负责。在开办技术课的时候，注重产品的市场和效益预期说明，让合作社的农场主们从理念到操作层面充分认知规范生产的好处，从而让他们更加主动地配合规范的推广和落实。针对不能遵照规范执行的家庭农场和农户，也有相应的处罚。农庄还在生产区规划出一块草莓文化广场用于技术培训，还开辟专栏，宣传绿色农产品栽培技术规范和管理模式。就这样，将绿色农产品规范，宣传到了田间地头，加上草莓品牌效益的提升，农户执行规范的自觉性大大提高，现代农业的农庄经济形态也就初步有了规模效益。

从2012年开始，家扶家果蔬专业合作社和假日岛农庄合作，成功举办了第一届“中国·崇明生态草莓文化艺术旅游节”。3年下来，农庄影响力大增，到2015年，慕名前来采摘的达到3万人次。经过8年的农庄发展探索，假日岛农庄逐步形成了自己的经营特色与管理模式。

首先，是确立特色产品——假日岛草莓，再依托合作社搞契约种植，做大做强“一产带三产”的产业链经营模式。草莓其实不是崇明岛的特产，余进董事长经过审慎考察，引进日本草莓良种“红颜”和“章姬”，从此崇明岛的碱性土长出了鲜香可口的草莓。2015年3月，“章姬”荣获第十届中国（大连金州）草莓文化旅游节暨中国精品草莓擂台赛的优秀奖，假日岛农庄也一炮打响“四季假日岛、冬日草莓红”的农庄品牌。

假日岛农庄还聘请日本专家，学习如何生产不施化肥、不打农药的有机草莓。草莓从育苗、定植到挂果采摘，用的是微生物发酵肥。蚜虫、螨虫和蛾类的防治，则采用生物农药和天敌。这样的精益求精，为假日岛赢得了“上海市世博会蔬菜安全生产先进单位”的荣誉。

如今，假日岛的草莓系列美食，尤其是农庄专供的草莓酒，以其优质的原料和口感，成为草莓文化节的主打产品。合作社又联合了周边3个合作社和150个农户，共同发展草莓产业链，在地化的带动与融入又一次以朴实无华的姿态呈现出来，让我深深感慨民间智慧的伟大。

伴随着采摘与节庆的开展，良好的品牌也就于无形之中树立起来。这种原料生产、加工、会展一体化的产业链延展模式和购销一体、统一品牌的经营策略，就是我们所说的乡村发展的6级产业形态。它对乡村产业的带动和对乡村经济、文化的影响，是一步一个脚印做出来的。在这样的产业发展战略下，农庄成长与乡村发展的互动与双赢会越来越紧密地嵌合，农庄的在地化也就轻轻松松地完成了。而假日岛农庄的可贵之处，就在于它从一开始就将在地化的带动性与融入性纳入战略规划，这样的前瞻性出自最朴实的对于美丽乡村的热爱和不凡的生态品味。农庄经营的成功者，几乎都有着对于儿时村庄的梦想和对于土地价值的认同。

对于资源机遇的把握，也让“中国·崇明生态草莓文化艺术旅游节”一年比一年有新意。农庄和来到这里钓鱼休闲的老将军们的缘分，最终促成2014年第三届“中国·崇明生态草莓文化艺术旅游节”上老将军们的字画义卖，农庄的公益形象经由墨香熏染，鲜活起来。而这些老战士，也成了假日岛农庄“棚友汇”的中坚力量。

尽管草莓已经过了季节，我还是去了草莓文化馆，文化节期间挂出来的30多块展板已经撤了，一些将军们的字画还在那里。我努力想着当天的场景，将军们挥毫泼墨，重拾当年的意气风发，企业家们慷慨解囊，爱心在老中青少一代代间接力，15万元人民币善款，不算很多，但是为那些先天性心脏病孩子送去了希望，也送去了中华传统文化的温暖。假日岛农庄特别策划善款优先帮助崇明籍湖北籍的患儿。企业的在地化理念和乡土情结，就这样很朴实地呈现出来。企业与当地村庄的互动，也是在这一桩桩一件件之中嵌合生长着。

此外，“互联网+”的推进是假日岛农庄与时俱进的经营策略。2014年农庄着手在微信平台与湖北商会相关平台展开互动。2015年5月26日，崇明县农旅战略联盟推出的《难以“桃”脱——吃生态桃，来假日岛》微信文章，阅读421人次，立刻有大批采摘者慕名而至，以至于我在6月28日来到果园的时候，被告知桃子已经全部采完了。微信传播的力量，揭开了农庄新媒体营销的序幕。

如今，假日岛“生态草莓、水果皇后”的品牌已经得到市场的广泛认可。从每年的11月开始，一直到来年的5月，农庄的6万株草莓，红艳艳的，幸福地生长在这个生态岛的美丽乡村里，产量接近3万斤。其实，这里一年四季都有生态采摘，草莓下架后就是长达4个月的葡萄和猕猴桃采摘季，翠冠梨只采3个月，接着甜芦粟就成熟了，橘子、银杏跟着就热热闹闹挂满秋冬的枝头。而在崇明岛偶尔下雪的冬天里，就只有草莓，洋溢着新年的喜庆了。我不禁想，崇明岛的农庄喜欢种草莓，不仅是因为草莓营养好，还因为它已然成为这里的冬日皇后，美艳动人，招人喜欢吧。

采摘和配送结合的经营模式，也是保证农庄盈利的重要策略。正因为有着上海市区上百个门店的规模，才有这样的经营底气。假日岛农庄的新鲜蔬果配送采用的是会员制，全程冷链直供，还配有果蔬的介绍资料，还有自办的《上海假日岛快报》和农庄网站与会员互动。这样的文化营销，为的就是营造一种温暖如家的营商环境，并映衬出假日岛农庄所倡导的六和文化——“心境平和、人际和睦、家庭和合、万物和鸣、生活和美、社会和谐”。

第三届“中国·崇明生态草莓文化艺术旅游节”期间，上百家门店同时进行草莓品鉴、馈赠和抽奖活动，假日岛的采摘刀旗从崇明岛陈海公路沿三双公路到三湾公路，一路插到假日岛农庄。一路彩旗，一路草莓红。欢乐的节庆气氛就这样从生态崇明岛一路洋溢了整个上海滩。“吃草莓、假日岛”的品牌与生态的旗帜，也就插到了消费者的心里。

目前，假日岛农庄配送的蔬菜有近30种。时下，农庄里随处可见的一茬茬的玉米和一棚棚的芦笋，是最受欢迎的。还有当地的土鸡、毛蟹、白山羊和老白酒，让你在这里的安静的时光，平添了几分舌尖上的享受。

假日岛农庄和上海农科院的技术合作，让采摘的品种品质有了保证；棚下林下散养的土鸡，也有不错的收益。这里种植的葡萄，夏黑、醉金香、金玫瑰都是上品，新植的紫黑色的圣女果新品有着浓浓的番茄香，姑且先叫它“黑郁金香”吧。

因着一篇微信文章的引导，因着桃的盛宴，我不期而遇了一场雨的邀约。离去的时候，我记下了2014年8月6日《上海假日岛快报》第一期的一段话：“农庄可将土地让渡给对生态、品味生活有需求的人士，让这些人士自建田园茅草屋……种自己合意的蔬菜，独享世外桃源式生活，把还原生态民居与现代文明生活有机糅和。让身边的好空气、好环境，大家都能享受。”我想，这样的邀约是不同于时下流行的众筹的，它不刻意，甚至是以一种无为的姿态伸开臂膀，以一种释然的接纳，以独乐乐不如众乐乐的情怀，在呼朋唤友。从字里行间，我看到了它的创始人余进先生的乡村情愫，也明白了这里的农庄与乡村能够如此和谐与嵌合的原因所在。如果说，每一个成功的创业者都是闪亮的星星，那么，乡村农庄的创业者，就是最懂得草木情怀与生命和谐的那一个星星族。

是的，这里，有爷爷的童年，有妈妈的乡愁……美丽的乡村，生来就不应该是游客如织的游乐场，它是远离喧嚣的驿站，是让行者歇脚的地方。环境容量在这里的定义，就是生态与适度。不为迎合所有人而去改变，却可以为了某一类人而美好。假日岛农庄，就是这样的一个处所。

也许经过不懈的努力和精进的发展，假日岛农庄会成为名副其实的乡村地标，成为中国大陆的“大湖酒庄”。这个村庄里的美丽农庄，距离打造崇明草莓“领袖”品牌的愿景目标，应该不会远了。

【点评】

崇明岛上的假日岛农庄冬季草莓节热热闹闹，不仅是因着草莓品种好，也不仅仅是场面热闹，吸引人的另一大原因是它张开的双臂拥抱了周边村庄的美好与朴实。这样默契的在地化融入所产生的极核效应，对于价值节点的带动和激发，很棒。

假日岛农庄的亮点之一在于它与周围的农庄、田舍、河渠浑然一体，是没有围墙的农庄。这种借景效应，与我们将崇明岛看作一个偌大的农庄有着异曲同工之妙。农庄的生态功能、生活功能，可以就地取材。亮点之二在于它的产品定位，草莓是日本的舶来品，经过在地化的试验，选出适合当地生长的品种加以推广。因此，品种的优良与稀缺性，成就了农庄产业的独特性。亮点之三在于品种成熟季节的细分效果。冬季百花凋零，在雨雪飘飞中，火红的草莓是很容易燃起游憩的热情的，更何况草莓节的旗帜贯穿南北，一路飘扬，营造出来的浓烈的节庆氛围很快打响了草莓节的品牌。这样的农庄运营策略与视界，即使在5年后的2020年，也属上乘。

以“节庆之岛”著称的台湾，也有这么一个拉动了亿元新台币产值的草莓产业链的农庄龙头——创立于2002年的大湖休闲酒庄，它俨然就是当地乡村的地标性建筑。这个地区农会牵头成立的产业化龙头企业，将价值链开发和品牌运作生动地植入当地乡村的文化生活里——生产、销售、研发、推广、文化创意、节庆休闲环环相扣，将一个貌不惊人的草莓产业搞得虎虎生风，自主研发的草莓酒获得国际大奖。草莓种植从200公顷发展到5000多公顷，每公顷草莓产值为300万～350万新台币，被称为台湾“最会赚钱的土地”。最难得的，是这里的草莓坚持传统栽培，传统栽培面积占98%，其余2%的高架式栽培主要用于观光休闲项目。并且，其中有50%～60%是草莓采摘园。大湖休闲酒庄年营业额过亿，开创4亿～5亿新台币的商机，吸引了当地青年回乡加入到草莓产业链中。尤其是产业链与节庆呼应，让这个在地产业链不断拓展，呈现出良性的发展势头。这样的酒庄，带给乡村的不仅是令人振奋的经营前景，更闪耀着企业家和创业者的社会责任与荣光!

案 例

给我一个地理标志品牌，我就能撬动亿元经济

凡是到过2010台北国际花博会的人，一定会记得，穿越花海走廊会经过一个不到10平方米的小屋，掀开帘子的那一刻，迎面扑来的暖气和着蜜香四溢，一堵红灿灿的草莓种植墙随之映入眼底。于是，你欢天喜地迎上去，微微翕动着鼻翼……

有过这样的体验，你就不难理解，为何在大湖休闲酒庄，小小的草莓能成就上亿的产值，能成就全产业链的辉煌。具有味觉诱惑和视觉冲击的草莓，无疑是产业创意和规模发展的核心要素。在中国，这样的农产品被称为“地理标志农产品”，依托地理标志农产品开发的产业链和产业文化，是品牌经济成长的基石。这样的经济奇迹，不会是泡沫神话。

素有草莓之乡称誉的大湖地区，地区农会所辖的大湖乡和泰安乡人口17000多，超过六成是农业人口。在农会带领下，大湖地区草莓种植面积从最初的200公顷发展到5000多公顷，98%的草莓种植园采用了传统的栽培方法，准入的门槛低，种植的农户也就多了起来。另外2%采用高架式栽培的观光草莓园，或以乡村会所的形态出现，投入比较大，多是回乡创业的青年经营。农会于是开办讲习班，为占半数以上、开放了观光采摘的草莓园，提供统一的采摘解说和流程教育管理的辅导。果园导览服务，在台湾已经深入人心，业者很用心去规范，游客很自觉在跟从，公民素质就这样一点一滴在养成。这样，以大湖休闲酒庄为引领的草莓观光休闲产业链，开创出多元的产业形态，让这些草莓种植园有了“最会赚钱的土地”的美名。

它的成就，靠的是享誉宝岛的地产草莓和屡获金奖的草莓酒自主研发产品；靠的是采摘、休闲、品酒、特色餐饮、温泉、民宿和乡村体验，以及用心打造的草莓文化馆和一年一度的“草莓文化季”；靠的是政策的引导和鼓励。大湖休闲酒庄响应台湾农村转型的号召，借着2002年官方辅导农业组织设立农村酒庄的契机，由地区农会自建草莓酒研发团队，最后通过台湾粮农署评鉴考核，获准导入QR—Code二维码，对于网络一族尤其是手机一族而言，这样更加方便关注酒庄的资讯，于酒庄的产品行销，也是锦上添花。

闻名遐迩的大湖地区农会所在地，也就是大湖休闲酒庄的所在，是由旧厂房仓库改造的，外观只能说是整洁而已，而这样的其貌不扬，更加彰显出产学研会一体的运作实力。车间和展示厅门前的草莓小精灵，分分钟在告诉你属于这里的骄傲和正在延续的精进的创造。

从2009年开始，大湖休闲酒庄草莓淡酒代表“台湾制造”在地农业优质品牌参加国际知名酒类竞赛，获得了奖项。而大湖休闲酒庄，也是目前亚洲唯一的草莓酒产地。大湖休闲酒庄带动着大湖地区旅游休闲产业不断发展。

伴随着由庄园经济引领的乡村旅游事业的不断发展，乡村伴手礼产业链延展出来，迸发出集成效应。大湖休闲酒庄的地标性地位是不言而喻的。所谓地标性农庄，就是要立足于在地特质，将这种特质的物理呈现和人文故事，深入挖掘再挖掘，让模仿者始终难以望其项背。而大湖休闲酒庄做的还不止这些，它以高出市场价格3%的价格来收购农产品，这样的细节，自然地流露出作为龙头企业的责任感。

诚然，这样成功的全产业链运作是需要资本来支持的，中国大陆的农村和农业也迎来了资本时代。但是，真正想做农业的，又往往受着跨界之苦，对在地核心文化和特质没有深入的了解，对农业产业投入产出的产品周期也没有概念，以致定位缺乏独特性，特色不鲜明。

大湖休闲酒庄的经验则证明，现代农业产业不仅需要资本的投入，更需要区域布局的谋略。农业产业的生命周期和产品结构息息相关。当年生长农产品的产值和创意休闲观光收入决定短期收益的潜力，高技术投入的加工产业及其产品则决定产业的中长期收入预期和持续竞争力。农庄经济，可以不是一个狭义的农业区块，它是在地特色农业和在地文化的集中呈现，是高科技的创意产业。

大湖休闲酒庄取得独一无二的成就，离不开在地品牌的巨大号召力。如果脱离了大湖草莓这个优势，再好的创意也难以持续。这就是泡沫性运作和实业运作的根本不同。也许，泡沫性运作可以在短期内拉动经济飞速成长，但是，那终究是昙花一现，受益的往往是投机的那一小部分人。而实业的成长带动全产业链的延展，是可持续的，它对乡村地区的贡献是在地化的，这样的成长方式加上创新创意的价值助力，带动的是一个区域整体的经济发展和收入水平的提升，甚至人才的在地化。大湖休闲酒庄的成功证明，品牌农业是农庄经济价值延伸的必经之路。而在地元素的文化特质，是品牌农业赖以生存的基石。

【点评】

同样是草莓产业，一个是引进品种的在地化项目（假日岛农庄），一个是基于传统品种的本地化项目（大湖休闲酒庄），一个在大陆、一个在台湾，却都将会展业做得风生水起。相比之下，台湾农会系统支持下的6级产业化的格局更加精致化与精进化，因此在地的创业带动和产业带动能力更强。由此可见，组织系统的构建对于农庄经济的成长规模和产业链条的完善助益良多，这也是大陆农庄经营者纷纷去往台湾农会考察的原因。

2012年，我赴台湾一个月做关于台湾农会的田野调查，得到台湾中华两岸事务交流协会的大力协助。那一年，台湾农会的运作与组织模式备受大陆各界瞩目。台湾老师介绍说："台湾的农会就像大陆的事业单位。"这个比方真的很贴切，台湾农会承接政府的政策执行功能，但是它是完全市场化运作的。在台湾乡村，农会是村民心目中的政治经济文化中心。我去几个农会的时候，遇到农会里几个农户围坐着喝茶——有事没事来农会坐坐，就是农户的日常。农会是农户的家，这样的认同与归属感，很暖心。

第二节　农庄经济开放式发展的理论实践

农庄经济开放式发展的理论体系以开放式创新理论和数字经济理论为核心，主要涉及共享经济理论、区块链理论、价值链理论和增长极理论等（图 2），强调互联互通的数字时代带来的时空格局的变革对要素效率、产业协作与在地文脉的革命性影响，其所奠定的农庄经济无界化格局，开启了一个农庄经济发展的全球化共享时代。

从可持续的视角来看，农庄经济理论还基于两个相伴相生的维度——在地化与全球化，由此衍生出基于在地化的全球化策略。因此，开放式创新理论近年来越来越多地应用于农庄经济领域。它的提出者哈佛商学院教授亨利·切萨布鲁夫（Henry Chesbrough）认为开放式创新是“企业内部和外部的资源进行有机结合，创造新价值的活动”。它背负着大流量和产品生命周期缩短等数字时代的特征。

一、数字经济与价值链理论的创新

数字经济是一个“使用数字技术，并且通过该技术能够对当前的经济环境和经济活动造成一些根本性变化的经济系统”。张景先（2018）认为，数字经济的推进，需要面对“网络基础设施、市场数字化、技术创新、产业升级和矛盾解决”五大问题。[①] 数字农庄的发展，也将面临智能化应用、电子商务与多媒体开发、大数据与人才挖掘、数字教育在地化和林林总总的数字营销创新与变革……

如图 7 所示，2017、2018 年中国数字经济规模分别为 27.2 万亿元和 31.3 万亿元，同比年增长约 20%，占当年 GDP 的比重分别为 32.90%和 34.80%。

---

① 张景先. 数字经济发展的几个关键点［J］. 人民论坛，2018（29）：78—79.

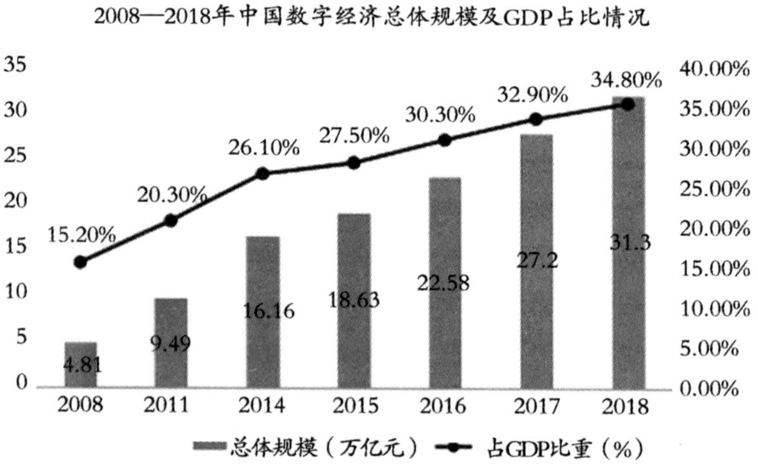

图 7　2008—2018 年中国数字经济总体规模及 GDP 占比情况

资料来源：光明青年论坛．数字经济的理论、实践与未来发展．光明日报，2020-04-14.

数字经济的应用同样成就了价值链理论向价值链边界虚拟化方向拓展的可能性。体现在两个方面：

（1）价值再造：VR（虚拟现实）与文创的融合，带来的价值拓展之无限可能性；

（2）价值创新：虚拟资源与现实资源带来的文化资源永续创新。

此时，物联网技术带来了时空维度的新认知——数字经济推动时空分异格局创新下的城乡圈层融合与多维交汇，产业布局、劳动力就业形态，以及人才技术等要素资源发生开创性变革。AI（人工智能）和 VR 技术则带来超强的体验感知——带动农庄体验在时空维度上拓展。

一场智能化的农庄变革即将到来。一方面，机器人类的研发和运用赋予农庄经营的现代化产业形象，将吸引工商资本和更多的“都市新农夫”投身到农庄经济发展中；另一方面，已经在日本乡村 6 级产业化实践中广泛采用的农作助力器械，将被引入与改进，大大降低农作的体力消耗，支持更多的农业劳动力（包括妇女和老龄人口）就农，农业兼业化将成为趋势。

链接

日本的乡村6级产业化

乡村6级产业的概念于1994年由日本学者今村奈良臣提出，这是一种建立在农业基础之上，融合了一二三产业的农业产业链与价值链拓展的经营模式，强调增加农业就业和农民收入，以及最大化激发产业集成效益和产业融合效益，变革传统农业低收入强劳力的生产形态。

国内学者在研究日本的乡村6级产业和乡村振兴的时候，大多关注6级产业在产业形态上的融合优势以及对于复苏乡村社会和乡村文脉的贡献，很少进一步指出这项政策的实施路径的关键性。

实际上，日本政府的6级产业政策，是一项鼓励农业经营者延伸产业链，经营二、三产业以取得实质性收益保障的政策措施，其中主要的政策导向是鼓励农业生产者发展农产品加工和开展直销业务，以赚取更加丰厚的利润。工商资本在6级产业中主要是资本助力技术和服务业，而不是直接进入农业领域与农民争利。

同时，日本政府还鼓励各类机构和人员从事农业产业，鼓励就农，这样做的根本意义在于提升了农业的地位的同时培养了一批扎根农村懂农业会经营的农业生产者，稳定了农业就业人口，让农业发展后继有人。

通过城乡融合发展，找到新的需求、市场和产业机会；通过技术跨界产业融合，实现产业创新和农业现代化：这是日本乡村6级产业化的基本经验。

2010年，日本农林水产省推出“粮食·农业·农村基本计划”下的6级产业化政策。2011年，日本政府颁布《六级产业法》，旨在通过产业创新和在地化传承，深挖农业产业附加值潜质，并以进一步开拓国内外市场的方式拉动需求。为此，日本政府明确将食品安全和消费信赖作为确保消费需求开发的前提。为确保从生产到流通的化学物质、微生物风险管理、病虫害控制和预防、食品标识的明确化与规则化，日本政府推出“食品标识标准”制度。配合这项制度的落实，2019年4月“农业数据联系基础”工程正式启动，对食品产供销流通各个价值链企业的大数据进行整合，实现数据和资源的合作共享。

日本政府还推动设立了农林渔业产业化成长基金，资助的领域包括促进农工商联系、医食福农联系和建立地理标志保护制度，以及推进跨界融合的研究、推广农业智能化应用和知识产权的保护、推动深度开发可再生资源利用，以及帮助构建畜牧业集群工业区和推动6级产业化等。

日本政府在推广推介“禾食”文化和稳定消费方面也不遗余力，规定了以地产地消的安全食品供应学校供餐等制度。地产地消饮食教育和学校供餐的推行，不仅能稳定和鼓励生产和消费，还能培育和传承“禾食”这一传统的饮食文化。因此，日本政府一方面鼓励业者围绕地产地消、地理标志产品、饮食教育等在地化特质进行创意和主题打造，注重以非物质文化遗产“禾食”和在地特色的日本料理吸引乡村旅游者；另一方面，从消费的角度来开发护理及药用食品，从品牌的角度来宣传安全食品与在地“禾食”文化。在2015年米兰世界博览会上，日本政府携地方政府，围绕米兰世博会“食”之主题，布设了两层以“共存的多样性”为主题的“禾食”文化推介馆，力求将“禾食”这一非遗文化推广到世界，扩大知名度，以吸引更多的国际旅行者到日本乡村旅游。

“绿色旅游”政策的成功实施也推动农产品自产自销及文化传承。这项由日本农林水产省在1992年主导并推动的政策，透过“都市与农渔山村共生·对流活动”，经都市区农协和乡村地区农协分工合作，在很好地整备了乡村民宿、节庆、农特产、乡土料理等在地资源之后，对接上都市的社群和需求。由都市农协重点引导都市居民了解农业农村的方方面面，由此成功促成了城市社区（社群）与乡村（农企）间相互的信赖与支持，推动形成联盟化的城乡共生体系，推动了乡村的活化与永续。①

中国2019年推出的基于区块链运行环境的第二代互联网——区块链服务网络（BSN），于2020年4月25日商用发布并开启海外公测。BSN旨在建立一个对标互联网的区块链公共基础环境，提供一整套区块链应用开发、部署和管理的一站式解决方案，方便企业或个人利用其底层能力建立自己的区块链业务模式。

其中，区块链赋能平台产品（BSNEP）允许用户拥有自主品牌并批量管理BSN应用，推出为各行业SaaS（软件即服务）和APP（应用程序）提供完美的区块链底层能力的服务，例如招投标系统、文件管理系统、物联网管理系统等增值服务。由于BSN运行成本仅为传统区块链云服务的20%，1个应用的年使用费仅2000～3000元人民币，很适合小微企业和创业者。为此，BSN校园计划将高校学生定位为未来区块链技术和行业发展的生力军，开发学习区块链向学生免费开放。目前，BSN已经在海内外的33个城市节点投入运行，并举办了第一次BSN开发者大赛，收到47个参赛作品。

BSN平台作为运用区块链技术开发的全球化技术创新的开放平台，是中国抛弃弯道超车思维的创举，也意味着中国正在试图以先发优势向世界展示新的大国形象。而最具有中国特色的农庄经济，将搭上这列BSN班列，迎接全球化的技术碰撞与开放市场。

而早在2013年前后，中日学者就相继提出“6级产业2.0”构想，发挥农民合作组织在“6级产业2.0”中的主体作用成为中日两国学者的共识，因此，这个“6级产业2.0”构想可以称作乡村振兴的“东亚范式2.0”。其中，日本学者尤其强调“6级产业2.0”的跨界、融合、创新、开放的特性，力推“开放式农工商合作模式”，并强调知识创造

---

① 陈彤．新农法与新农政下的日本农业复兴经验．亚太经济，2019（5）：70—74.

和知识管理的重要性及其所倚赖的开放式平台的作用。

基于这样的理念，日本政府在2019年推出“农业数据合作基盘（WAGRI）”运营计划，进一步促进农业全产业链的数据共享和要素互动。同年，中国政府的BSN平台计划正式启航，它被国际媒体称为线上的“一带一路”。

于是，2020年中国政府工作报告聚焦新型城镇化，力推新基建。新基建带来的县域公共服务设施的现代化，推动着农庄经济向多元化、个性化、在地化、数字化、无界化变革。表现出以下特征：

第一，在地化传播多元化。新基建为农庄经济提供了有力的产业发展技术支撑。“互联网＋”推动下的5G普及以及VR、直播等新媒体形式的出现，无限扩展了产业的时空布局，农庄经营的传播内容和方式也不断推陈出新。

第二，在地化经营个性化。交通和物流的现代化，让农庄的在地化体验更加便捷。直接连通城市社区网点和农庄经营网点的交通网的完善，诸如“台湾好行”这样的“农庄班列”能将城市休闲人群引流至农庄项目，完成产销和供需对接。

第三，在地产品可追溯。农产品的最后1公里物流问题得到解决后，生产—消费闭环不断磨合，食品溯源机制臻于完善，食品安全问题得以逐步化解。

第四，在地就业兼业化。新型城镇化提供的就地创业就业机会，能够较好地保障农庄经营的兼业人力资源，同时改进农庄在地生态，让“村庄里的农庄”不仅生态优美，还能望得见炊烟，鸡犬之声相闻，乡村文脉得以保留。

第五，要素协同社群化。互联网时代的社群经济和共享特质让志同道合的人相遇在线上相聚在线下，这样的社群化趋势也推动着技术、人才、资本自发形成项目团队。在5G时代，数字化和智能化的完美结合，让中国农庄经济在远程运营范式上将步入世界先进行列。随着远程O2O平台的完善与精进，中国运用5G技术实施远程医疗的成就，不仅将助力提升康养农庄的医疗服务能力，还能够开发新冠肺炎疫情下远程农庄管理和远程农庄体验的场景模式，以聚集网络人气，助力线下消费和产业链发展。如此美好的产业链重构前景，随着数字化时代的到来变得触手可及——开放性技术平台及其共享性降低了农庄经济的技术获取成本，而O2O的营销革命将催化多元化与个性化的市场生态。

二、文化基因理论与乡村6级产业化

文化基因理论可以溯源到20世纪50年代西方人类学家克罗伯在其著作《文化概念》中提出的文化基因假说。

接着，学者们围绕文化基因的传承性、变异性和可复制性开始进行研究，涉及建筑文化基因、非物质文化遗产文化基因、草原文化基因、中医文化基因、红色文化基因、企业文化基因、乡村在地文脉基因等等，并在乡村6级产业的助推下，成为乡村文创的灵感源泉和乡村特色产业的品牌故事。基于对东亚传统文化的认知，侯宏伟、温铁军（2019）提出农户理性理论[①]，温铁军在2020年《喜马拉雅·三生讲坛》"东亚万年农业文明与西方文明的差异"的直播中说，"东亚农业文明是一个多样化的文明地带，农业的资源条件和生态条件决定了农业多样性的本质本色"。同时，"东亚社会三生合一的农业生态文明特质表现在农业文明的群体性与聚居性……这种群体性是东亚文化的基因。群体性生态文化是由东方农耕文化和生物多样性所决定的"。

对传统文化基因的保育，是对在地文脉的守护。而在传统文化基因的基础上通过新业态新媒体的创新、融合衍生出的新的文化因子，就完成了文化基因的迭代。这其中，道出了乡村文脉的根脉与枝叶的共生性原理。

资本对农庄经济的嵌入以"互联网＋"的乘式融合了渔村风情、生物科技、休闲创意……从而站在了价值链的塔顶，自有乾坤。成功学习

① 侯宏伟，温铁军．日本农协理性：合作属性与垄断属性的相辅相成［J］．世界农业，2019（7）：15—24.

了日本6级产业化经验的台湾地区，以民宿、节庆和骑行天堂著称，农庄全产业链的打造也丝毫不含糊——把深加工产品卖到大陆淘宝店的立川农场，一面是产学研一体化的现代公司治理格局，一面是坚守在地化体验的乡村草根文化，将一年一度的在地会展办出了素有“节庆之岛”美誉的宝岛风情。

案 例

农庄经济的第6产业时代

要说是天生丽质，加上后天的精进努力，成就了现在的立川渔场集团的产业链，这一点也不夸张。它的美好的意象，正如它的LOGO——三沟纹扇形饰的黄金蚬。说它天生丽质，是因为它发源于清丽如梦的花莲，而寿丰又是台湾蚬的生产专业区。因此，立川渔场给自己的蚬宝宝起了一个金灿灿的名字——黄金蚬！黄金蚬在没有污染的地下涌泉池里健康地生长，得天独厚的养殖水质和花莲四季如春的气候条件成就了它的高品质。

20世纪70年代初，“立川”家蔡有进先生，带着一家七口骑着机车，来到人寿物丰的寿丰村，办起渔场。蔡老先生期望秉持“朴实、谦和、创新、致远”的精神理念，如支流汇成江河，把生命、健康、喜乐流传到更遥远的地方与更多人分享。经过10年的精进努力，终于得到嘉奖和大力的辅导。

一年一度的“8・19黄金蚬节”，立川渔场会向涌来这里的倾慕者讲述自己成长的故事，并将高品质的黄金蚬奉献出来。纯净的在地原料，绝对的在地加工生产，无与伦比的新鲜度，为黄金蚬系列产品赢得了殊荣——绿川黄金蚬精2012年取得台湾有关方面健食字第A00207号护肝认证，天然蚬精荣获1999年度消费者协会金牌奖精致渔产品海宴认证001502101，黄金蚬钙则可以预防人体骨胶原及钙质的流失。

现如今，立川渔场依然是立川渔业集团的港湾。每一年的“8・19

黄金蚬节”，义卖是不可缺少的环节，还会捆绑上保险福利。这一天，立川放款1000万元新台币回馈渔民和老客户，有时候义卖活动能得到地方农渔会的支持和经费补贴。自然，义卖彰显的是企业的社会担当，促销才是产品生存之道。因此，立川渔场自2003年开始从规模化养殖、企业化经营向开办渔场轻食餐厅和水产养殖体验池、展示馆，提供生态之旅服务和举办节庆活动转型，经过10年的用心经营，仅渔场经营的产值就从每年3000万元新台币做到过亿元，立川渔场也成为中小学教学的首选基地，成为花莲生态农庄之旅的经典项目。

吃、住、游、行、购，是旅游体验不可缺少的环节，在这里也不例外。立川渔场拥有完全开放的休闲空间设计，台湾当地的一些游客会带上心爱的宠物一起出游，游玩之余，在轻食区要一杯饮料闲坐，或者品尝品尝渔家美味。立川三宝——风味炒蚬、清蒸贵妃鱼、盐烤台湾鲷，是这里的招牌。

立川渔场生态区的体验项目，从活水养殖到采收、加工，尽在其中。主人在购票处就会用一块黑色的招牌，煽动你来一场“摸蚬兼洗裤”的快乐之旅，体验一下儿时的野趣。而那首《摸蚬兼洗裤》的闽南语歌曲，在黄昏时悠扬地响起，勾起你的回忆与冲动。

隔着木走道，另一边也有一个没有水铺满细沙的游乐区，垒沙堡、挖地道，孩子们玩得不亦乐乎。这样贴心的考虑，加上体验池边上半开放的特色餐厅，让来到这里的每一个人都欢天喜地。

再说立川渔场的成功，第一个功臣要数营销通路的搭建。立川渔场的六成产品是在台湾江医师鱼铺子和台湾主妇联盟实体店面这样的高端卖场设点经销的，另外四成则是经销商和宅配户的订单。第二个功臣，是生物科技萃取新鲜蚬汁的技术，它还能带动在地黄金蚬的养殖，立川渔场联合了70多家养蚬户，让整体的养殖规模集成达到4500公顷，组成养殖渔业生产区，以契作的方式收购黄金蚬。这就是台湾人引以为豪并运作到炉火纯青的在地化产品和产业带动的生动写照。

这样，通过收购产品和扩张在地养殖规模来萃取黄金蚬原汁供应给饮料企业，凭借在地生产在地萃取的优势让原料供应业务的收益变得很是可观。在地震和自然灾害频发的花莲，农产品的对外物流基本仅靠一条苏花公路，这显然是不占优势的。而立川渔场用在地规模运营的策略，为我们上了一课——农庄在地产业链挖掘的成本优势与潜力十分可观。

而黄金蚬产业的市场和商机，所带动的养殖产业链和乡村休闲旅游，让原本以养猪业为主的寿丰乡，从根本上发生了产业结构的变革，全区域放弃养猪业转轨生态养蚬。不需要特别的政策和引导，只凭借在地农庄的品牌与价值感召力，很民间，很市场。

立川渔场集团的成长，印证了这样一个事实——农庄经济，让农业产业链深深扎根于在地产品资源与乡村文化特质，并集成了创意休闲、现代科技和互联网技术手段，成为集农业产业链、文化产业和高科技研发深加工于一体的跨界领军产业，也就是我们现在说的有着叠加效应的乡村6级产业。也因此，在地产业链的经营，保证了乡村生态的保育和乡村文脉的传承，对于乡村社会和乡村经济的贡献，是革命性的。

【点评】

这是一个完全市场化的全产业链农庄的成长案例。来到生态花莲，来到立川渔场，你就会知道，在地化的坚持、优质的产品和品牌、欢乐健康的节庆主题、高科技的战略定位、多元化的全球市场战略，成就了立川渔业集团“立于川流之间，因川流而立”之意境。

立川渔场体验池其实是很简朴的，地方也不大，但是它是有故事的——从最初的养猪场改造而来，转行水产养殖业，为“花莲无毒”与一方水土的澄净做出了贡献，取得了在地认同与口碑，这就是它在地化成长的文化基因！而企业自身则不断精进，在生物科学领域研发深加工产品，造福消费者。在体验池上空不断回响的闽南语歌曲，也许是最让游人动情的，歌声中的原乡情怀，一遍一遍撩拨出游人的乡愁记忆，这也是企业前进的动力。

乡村6级产业理论强调农业作为第一产业在农庄经济战略发展中的

权重，也迎合了经济社会进步到一定阶段后消费者对文化与康养的休闲需求，即恩格尔定律提出的消费结构会随着经济能力提升而减少食品消费比例以及增加文化消费比例的趋势。中国“未富先老”的老龄化社会，城市居民对于田园生活的回归渴望，给农庄经济的发展带来良好机遇与前景。

2018 年 9 月，中共中央、国务院印发《乡村振兴战略规划（2018—2022 年）》，明确了乡村集体建设用地无须征地直接入市，优先用于发展养老、康养服务。2020 年修订实施的《土地管理法》则开启了中国特色的乡村 6 级产业变革——在城镇化产业布局背景下，就近就业，就近创业，离乡不离土，可以兼顾到乡村一二三产业发展所需要的劳动力资源和土地的规模适度经营。在中国乡村，一个乡村社会再造背景下资本推进农业科技及农业智能化应用的农民工兼业化新时代即将到来。

第三节　农庄经营社会责任的理论实践

农庄经营社会责任的理论体系以嵌入性理论为核心，主要涉及区块链理论、共享经济理论、文化基因理论和需求层次理论（图 2）。前两者的应用从信用和共享平台的角度确保农庄经营的合规性，后两者的运用则将在地乡村文脉与农庄经营文化的价值链潜力不断延展，不断创新品牌价值与活力。

改革开放初期，农村土地家庭联产承包责任制的推行和乡镇企业的发展，一度让乡村经济有了较大的发展，但仍然处于农业支持工业的阶段，其间大量农民工涌入城市。时至今日，最早的一批农民工已经年老体衰，陆续开始返乡养老；年轻一代的农村青年成为新一代长期居留城市的外来人口，以致中国乡村社会传统的小农经济体系难以为继。因此，我们需要重新建构起乡村产业、乡村文脉甚至保障民生的社会体系。在这个乡村振兴工程中，农庄经济成长为乡村再造的产业龙头。

一、农庄经济的社会责任有着在地化的原生性

乡村文脉一直是中华传统文化最原真的部分，社会责任也是传统乡村社会的骄傲，如中国大陆的集体农庄这样的项目往往是由村“两委"或者村里的能人牵头的；而在台湾，能够被推选担任农会的理事长也往往被视为一种荣誉。这种传统文化基因里面所传承的担当与使命感，是中华民族宝贵的文化遗产。

在福建永安，聂书宁这位乡村青年，十几年如一日执着于生态养蜂事业，四处拜师，刻苦钻研养蜂技术，硬是把自己逼成了“养蜂大王”。这份执念牵系着乡愁。在个人的成长路上，聂书宁始终怀着感恩之心回馈社会。在热心带动乡亲养蜂致富的同时，聂书宁还养起了“扶贫蜂”。随着聂书宁的事业不断发展，多元化网络平台激荡出越来越多的潜在机遇，聂书宁和他的蜂群一起风雨兼程，坐看雨后的彩虹。

链 接

聂书宁和他的“一贯好蜜”

福建省永安市是一个山清水秀的地方，山里有许多野蜜蜂，传统的养蜂人逐花而居，看天吃饭。我们故事的主人公也有蜜蜂一样的勤劳和奉献，但他比传统的养蜂人多了一样——视界。他走出大山去外面的世界汲取智慧交流知识的初衷，只是想做一个优秀的养蜂人，可是，17年的坚持和精进，让他成了养蜂专家，还从一个创业者进步成为创业导师和一个养蜂扶贫的模范。他就是永安市首家养蜂合作社永安市埔岭青年养蜂农民专业合作社的创办者、永安市蜂业协会的发起人和理事长——聂书宁。

如今已然是“养蜂大王”的聂书宁孜孜不倦地求学，紧紧追随着这个网络新时代的节拍。秋天，漫山遍野的野桂花开放，聂书宁会开始张罗网络直播卖蜜；如果没有遇上新冠肺炎疫情，他已经坐在福建农林大

学福建省首届养蜂人青年农场主培训班的教室里了。

斩获全国科普优秀人才、全国农村青年创业致富带头人等荣誉称号的聂书宁深知“帮助别人也是成就自己”，他主动反哺社会，以三明市政协委员的身份，为永安这个天然“立体蜜库”的生态保育建言献策，发起“保护蜜源植物，发展林下养蜂”“大力发展蜜蜂产业，助力乡村振兴战略”等提案。

养蜂投资少、见效快、风险低、适合弱劳力的特点，让聂书宁走上了养蜂扶贫之路。养蜂协会与残疾人协会合作，为残疾人免费提供养蜂培训和产销帮扶一条龙服务，还总结出“协会＋会员＋贫困户”结对帮扶和“传授＋帮助＋兼顾”技术服务的“1＋1＋1”精准扶贫模式。为保障销路，2018 年，养蜂协会又和永安市扶贫协会共同发起“爱心蜜”认购活动，认购蜂蜜 2000 公斤，认购的余款 7 万元全部用于扶贫项目。对于“青年创富带头人”的使命，聂书宁在微信里是这样说的：

“在人们心目中，养蜂就是养蜂人。但是在创新创业的时代，我通过创业，成为致富带头人协会理事，有幸到人民大会堂参加致富带头人大会。有了创业使命……”

无独有偶，海峡对岸的乡村精英也有着同样的使命感与责任感。在台湾乡村再造的典型案例里面，这份社会责任依然融入乡村精英的文化基因的各个层面，他们踏踏实实地用心经营着每一个农庄项目。

都市新农夫

每年的世界地球日是台湾飞牛农场员工和游客的植树造林日，农场主人吴敦瑶说：“人人都要为保持地球生态作贡献，让人类生存的环境更好。”台湾新浦社区金汉柿饼园主人刘兴武也说：“仅为经济而活很累，为价值而活才会轻松。”“柿子好好种、柿饼好好做、游客好好吃，大家都要为食品健康尽一份力。”[①] 这些年轻人，他们称自己为“都市

① 齐国．台湾农村再生计划为什么能成功．农村工作通讯［J］，2015（2）：47—49.

新农夫”！

台湾的休闲农庄、创意作坊、特色民宿等大都是小而精致的项目，经营者有当地的村民，也有外来的投资创业者。这些经营者都是实实在在的产业或项目执行者，他们中的佼佼者往往有很强的社会责任感，会经年累月坚持打造一个地区的产业价值标杆，并且与农会组织有着很好的互动，或者直接就是农会精英，因此，能带动整个农庄产业链发展，成为乡村再造的带头人。

服务乡民、富裕乡村的理念已经根植于这些乡村精英的理念中，并贯彻在行为中，这些“都市新农夫”，他们回归故里田园，带动了乡村经济、社会、文化、生态的整体提升。在台湾有关方面培根教育计划的推动下，一种文化反哺农庄经济、生态增值农庄经济的高效可持续乡村循环经济发展模式渐渐呈现出来。

二、品牌效应的正外部性助推农庄经济的社会责任

随着农庄经济产业链和价值链的成长，基于对在地特色产业链的培育以及对在地生态的保育而逐渐形成的农庄经济社会责任的外部性效应，促使社会责任成为农庄经济系统文化中必然的环节。同时，农庄经济在地化的融入性和带动性，也不断提升着其在地贡献度。

一方面，农庄经济的在地乡村文化认同，既成就了农庄文化创意的核心价值，也推动了乡村社会和文化的发展。对于“生态美、百姓富”的乡村再造，农庄经济是乡村文脉传承与发展的有效模式和路径。农庄经济在地化的融入性和带动性，使它得以融入乡村，和乡村产业、乡村生态、乡村文脉一起成长。而农庄经济本身，随着时间的推移和文化创意、现代农业技术以及互联网等的嵌入，其产业链与价值链不断延展，渐次走向精致化与个性化。在农庄文化与乡村文化的在地交融中，农庄经济逐渐成长为引领乡村发展的产业龙头。

另一方面，农庄经济对于乡村发展的引领，是基于自身发展的需要，又于无声处践行了企业的社会责任。以农庄经济的生态导向而言，

所产生的良好外部效应，既可以回馈乡村树立农庄的公益和绿色形象，又对提高土地可持续产出能力多有裨益。而基于区块链技术的农庄经济信用体系的完善，对于品牌价值的裨益自然不言而喻。

在中国政府的“数字中国”项目有序而快速推进的进程中，2020年，中国《食品追溯区块链上链行动》正式启动了。

目前，关于区块链的定义，学术界尚未形成明确的共识。较为主流的界定有三种。一是“架构论”，认为区块链是一种分布式基础架构与计算范式。例如，工信部《中国区块链技术和应用发展白皮书2016》认为：广义来讲，区块链技术是利用块链式数据结构来验证与存储数据、利用分布式节点共识算法来生成和更新数据、利用密码学的方式保证数据传输和访问的安全、利用由自动化脚本代码组成的智能合约来编程和操作数据的一种全新的分布式基础架构与计算范式。二是“账本说”，认为区块链类似一个“全球共享网络账本”，可以记录几乎所有有价值的东西。如袁勇、王飞跃认为区块链是一种以链条的方式按时间顺序将数据区块组合成数据结构，并以密码学方式保证了其防篡改和防伪造的去中心化共享总账的特点①。三是认为区块链实质是一种数据库技术。高盛公司发布的《区块链：从理论走向实践》报告认为，“区块链本质上是一种全新的数据库技术，基于共享的分布式数据库，方便记录各方交易，提高透明度、安全性和效率”。

链　接

区块链理论与共享经济

区块链技术起源于化名为“中本聪”的学者在2008年发表的奠基性论文《比特币：一种点对点电子现金系统》中②。随着加密货币的兴

①② 袁勇，王飞跃．区块链技术发展现状与展望［J］．自动化学报，2016，42（4）：481—494．

起，脱胎于比特币的底层支持技术——区块链也进入了公众视野，并以其去中心化、时序数据、集体维护、可编程和安全可信等特点，被应用于构建可编程的货币系统、金融系统乃至技术研发共享平台。

区块链的理论基础通常被认为是通证经济学（Token Economy）①。通证经济是先于区块链出现的一个概念，其中的“通证”，即“可流通的加密数字权益证明”，其实质是将密码学工具应用于经济激励，并在经济激励设计的过程中引入博弈论，让各种利益相关方进行博弈，最终达到纳什均衡②。

共享经济，一般是指以获得一定报酬为主要目的，基于陌生人且存在物品使用权暂时转移的一种新的经济模式。数字时代的经济学主流思潮，就这样从利己的“经济人假设”迈进了“平台制度共享”下利他并利己的新时代。

当区块链技术应用到共享经济领域，建立起一个多方相互“信任”网络，也就建立起了一个去联盟化且个性化的价值主张的获利性通途——简化身份和声誉管理的功能，并且安全地储存和整合用户的在线交易信息，检查身份验证和支付认证的历史记录，从而使得各方更加有效而快捷地建立起信用认同，进而达成优化交易流程的目标。但区块链的贡献不仅在于推动了农庄经济信用体系的技术运用，更在于由它建构的二代互联网技术平台与共享经济理念以及“开放式创新”理论一拍即合。在5G技术平台的支撑下，在地化优势会着重强调。

试想，当你在线上远程操作智能机器体验户外运动和采摘的乐趣，线下的物流随后就将你选中的农产品送达。这种模式，可以利用你的碎片化时间，可以让你明明白白安心消费，甚至可以点缀你因疫情而不得不宅家的时光……

---

① 李虹含．为什么通证经济学会成为区块链理论基础？除了暴富还能做什么？巴比特论坛，2018—03—07．http：//www．8btc．com/token—blockchain—0307．

② 纳什均衡（Nash equilibrium），通常指博弈中的某种局面，如果某情况下无一参与者可以通过独自行动而增加收益，此策略组合被称为纳什均衡。

无论如何，农庄经济价值链的无限拓展与品牌增值是牢牢建构在农庄经营这个基础之上的，而作为农庄经济发展内核的农庄经营在经济学意义上的效益边界之外，还受到社会学意义上的欲望边界的影响。因此，本书引进了嵌入性理论来完善农庄经济社会责任的意涵，并阐释价值链理论与嵌入性理论的跨界成果（图 8）。

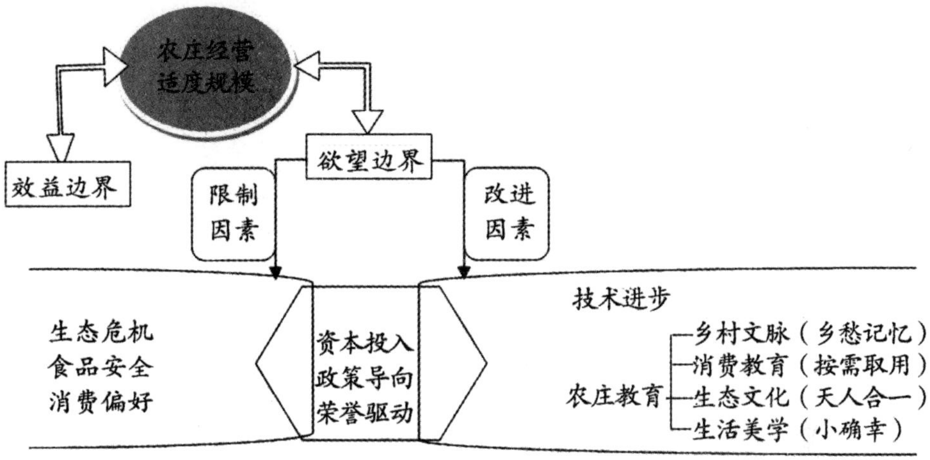

图 8　农庄经济适度规模及社会责任

如图 8 所示，受到资本投入、政策导向和荣誉驱动影响的欲望边界开始寻求价值链延展的改进机会，于是，它首先将目光投向技术应用和农庄教育体系，进而技术的嵌入性需求开启了对生态危机、食品安全和消费偏好等限制因素的大数据分析和对平台资源的跨界整合，期望从中找到可行的解决方案。在方案的执行中，各种非政府组织的嵌入性也将不断地拓展，以致在农庄项目的文化教育和消费教育的新领域不断衍生出新的教育和体验范式，甚至成为项目执行的独立运营模块，或是项目执行的主控方，完成公益性内核与经营性项目的自组织嵌入性改进，从而以更具活力的创意形态持续推进农庄经济在社会责任领域的事项。

在组织合作与伙伴关系的构建中，环境嵌入性、组织间嵌入性和双边嵌入性的目标是打造合理的欲望边界，让利益相关方找到均衡点。基于此，农庄经济与在地文脉互为外部性的嵌入，架起了人类社会物质世界与精神世界的桥梁。农庄经济为物质消费而生，却因着精神消费而持续成长——乡村文脉的复苏唤醒了乡愁记忆，让乡村社会有了人文气息；消费导引中植入的生活美学和采摘规范，不仅日复一日升华着消费道德，也生出了“小确幸”这样的生活价值观。

三、非政府组织（NGO）是农庄经营不可或缺的补充

嵌入性理论所探讨的非经济制度对经济制度的适度嵌入，秉持互惠、再分配和互换原则，同时兼顾了生态、公平和效益。它所涉及的关系连带和人际信任，为基于互联网信息平台与科技创新体系的模式运作提供了多元文化与多元业态交互嵌合的网络蓝图，在传统文化、文化创意、公益慈善、科技推广、社会福利、智能化覆盖、老年社群、代际交流等方面延伸出无限嵌合的可能性，从而能够全面助力农庄经济服务能力、文化氛围及跨界架构的精进。

链 接

嵌入性理论

嵌入性理论是社会经济结构从收益最大化导向向生态、公平、效益兼顾导向转型的重要指导理论，它研究基于互惠预期的网络关系，指出将非经济制度适度嵌入经济制度的重要性。

互惠、再分配、互换是嵌入性理论的基本原则，由此产生的关系连带和人际信任成为经济活动的基础，也成为决定交易成本的重要因素。于是，经济社会学让嵌入性理论成为联结经济学、社会学与组织理论的桥梁，从而为系统的跨界整合提供了理论依据。

其中，认知嵌入性赋予经济活动人际互动的特质，从而进入到文化嵌入性阶段，此时的农庄经营更加关注促成经济目标实现的信念和价值观。政治性的嵌入，能够带动经济能量和激励制度的，就具有正向效应；反之，就如2018年开始2019年被叫停的对农庄项目的盲目拆建政策，在执行中没有客观地根据当地实际情况评估农庄大棚和民宿的建设

成本与环境危害。政策执行一刀切的结果，造成社会资源的极大浪费，也伤及农庄经济的元气。

……

因此，嵌入性的运用，需要充分考量项目的实际运营情况和在地乡村文脉的特质，从帕累托最优的角度，稳妥设计方案。

发达国家在中国乡村推行的“生态村”实验和以非政府组织为主导的乡村实践，开始显露成效。非政府组织对于农庄经济的重要意义，在于能够辅导农庄所在乡村成立文化自组织，发现民间艺能和当地人才，赋能并激发在地乡村的文化自信。同时，配合农庄经济的品牌定位引进新的乡村项目，辅以独特的美学空间的打造，助力农庄经营的文化氛围及其品牌文化价值的成长。在这个系统里，“新老村民的互动融合，具有文化特色及与自然相得益彰的建筑、形态，让整个村子都透露着一股文艺气息”①。

福建省永泰县乡村复兴基金会和福建青创共同发起的“爱永泰计划”，“致力于为更多永泰返乡创业青年及创业项目有意向在永泰落地的青年提供多元帮助和扶持，共同参与乡村振兴”，着力产业帮扶、开启电商模式，成功吸引到跨界联动和海峡两岸青年创业项目。这些行动，让静寂许久的山村荡起了绿色的涟漪。而诸如孙君所创建的“绿十字”这样的乡林建设服务平台，凭借可复制的网络结构，以组织性嵌入的方式，促成项目和团队不断在其间优化并组合。价值链也随之延伸，带动了无数的人，活化了无数的乡村。在数字时代，这样的技术红利、人才红利和生态红利，在快速集结、转化。

① 冯泯，江南．竹海茶山明月窑 产创相融新标杆［N］．华西都市报，2020-06-02.

案例

“绿十字”与五山模式

在中国为数不多的非政府组织中，“绿十字”独树一帜地将文化生态学作为其奉行的乡建价值理念轴，并在多省多地开展实验，取得了宝贵经验，也逐渐形成了一套“乡村理念教育 文明规范养成 乡村环境整体优化 龙头产业培植 6级产业化布局 农民得利 声名经济发展 品牌培育”的在地操作范式，最著名的就是“五山模式”——一个早期的集体农庄实践。

2006年，人民出版社出版发行《五山模式：一个建设社会主义新农村的典型标本》，肯定了“五山模式”短短3年的实践。

“五山模式”在2003年进入调研阶段，2004年即制定了实施计划。由点到面铺开，直至带动区域发展，并逐步确立了以茶叶主题公园为主的乡村旅游定位。

“五山模式”作为生态文明的试点范式的典型经验，认清了乡村精英在地化挖掘与培养是关乎农庄经济发展的首要问题，并总结出乡村文明规范教育的驻村发动经验，高度强调村民文化素养培育工程作为农庄经济发展的根脉与基石的重要意义。秉持这样的文化生态学理念，2006年到2010年5年间，村庄人均GDP翻了一番，村庄整体从产业到文脉到环境治安再到村民精神面貌都发生了系统性与根本性的变化。“绿十字”所关注的村民心灵的精神的变化和提升在“五山模式”这里成功了——农民参与、农民支持、农民受益，“以农为本”的发展理念在五山实践中走出来，村庄找回了中华传统文化的自信，这是“五山模式”最可贵之处，也是农庄经济的发展理念与方向——传统文化与生活方式的自信支撑起来的农庄经济体系所散发出的文脉美好与生活美学，能留得住人才，引得来游客。

因此，“五山模式”成功的本质在于它走了一条生态文明的集体农庄发展道路。将人的观念的教育作为乡建的重要使命，引导“人与环境互利的思维模式”，在乡村树立起新的文化观念——将“自然为人立法，人为自然护法”观念深植于乡村社会。在建立生态的文化观念后，就接着引导村民动手做垃圾分类，修护乡村自然环境，从而吸引到乡村休闲旅游的人群。在这个过程中，引导乡村发展农家乐，让农民尝到生态文明给村庄带来的实际利益，从而增强村庄的凝聚力和村民的责任感与荣誉感，探索出一条让广泛发动村民参与从口号转化成自觉的行动的有效路径，这就是“绿十字”最成功的地方，它彰显了非政府组织对于集体农庄的影响力。

“绿十字”的实践表明，非政府组织参与到集体农庄的项目建设中，可以更加有效地发动起乡村的有生力量，并且起到引领乡村发展方向的作用。非政府组织在整合知识、科技、资金等方面的平台功能，可以助力村集体农庄在更高的层面、更广阔的视野下规划与发展。尤其在集体农庄向田园综合体进阶发展的过程中，非政府组织不仅是润滑剂，还是助推器和文脉催化剂。

同时，“五山模式”作为一种自下而上的乡村实践——项目方案由村委会提出想法，充分发挥了乡村精英和村民的主观能动性。再由“绿十字”的专家团队进行调整和优化后确定。在项目推进的过程中，也激发出了在地的荣誉感和自信心，乡村文脉随之苏醒并且成长起来。湖北省襄阳市谷城县五山镇堰河村从 2003 年开始就将主导产业茶叶产业定位了有机农庄模式，经过 5 年打造，生态恢复了，有蛙鸣、有萤火虫、有蝴蝶、有飞鸟……这样的生态农庄在 2007 年就成了电影《茶色生香》的拍摄地，收获了声名经济。声名经济所带动的，首先是生态产品的附加值的增长，茶叶从 2003 年一斤 35 元涨到 2004 年一斤 1200 元，普通茶叶与有机茶叶的不同价值让村民直接认识到品牌与生态的价值，更加自觉维护和保育村庄环境。也因此，五山项目得到村民由衷的拥护和支持，能够持续不断地成长。

在发展中，“五山模式”的问题也暴露出来，即如何营造让知识青年和资本投资下乡返乡的环境与氛围，这也是农庄经济发展的首要问题。

“五山模式”中的龙头企业——玉皇剑茶业公司，是村集体与本地茶企合作成立的股份合作企业。在村集体经济中引入工商资本与乡建精英，是目前流行的集体农庄发展产业龙头的方式，也是“新村民”在地融入的首选路径。但是，现实操作中还是问题重重。例如，难以厘清并建立行之有效的利益分配格局与操作模式等。

于是，我们也看到2020年中央一号文件倡导工商资本投资农业技术领域的用意所在——补集体农庄的短板，优化要素供给能力，不与集体农庄竞争资源，而是合作共赢，优势互补，这样才会受到村庄的接纳。

最后，关于非政府组织的功能，“绿十字”的经验启示我们：必须客观对待农耕文明和城市文明的不同，充分尊重在地的农耕文明和乡村特质，充分了解乡村的熟人社会文化，在这个基础上进行项目规划和项目教育，得到村庄的共鸣，助力项目落地——以对乡村在地文脉欣赏的眼光，去规划它的未来，去成就在地化的荣誉，而不是将城市文明的价值标准强加给乡村，甚至扭曲乡村的价值观。

第二章

中国特色农庄经济的意涵

在中国特色农庄经济的发展道路上，政府支持是农庄经济发展的方向与引擎，公平与诚信是农庄经济品牌成长的基石与操守，在地化则是农庄经济永续成长的内核与动力。而生态保育，则体现在土地政策的制定和农庄经济对于社会责任的践行方面。

农庄经济的概念是个舶来品。在20世纪中叶，美国、荷兰、澳大利亚等发达地区出现了一种高度机械化、规模化、产业化的现代农业经营模式，同时，一个掌握着高度农业技术技能的职业农民群体出现了，学术界称这种农业生产方式为现代庄园经济。① 2020年的中国农业农村，也步入了机械化在农业产业广泛运用和精英农民群体成长与知识精英下乡的发展阶段。所不同的是，中国特色农庄经济更加注重在地特质与农庄产业的融合，并将农业农村的发展和农民增收放在首位。

当改革开放的春风吹遍大江南北，先富起来的一批企业家敏锐地捕捉到大量农民工进城后乡村土地抛荒和土地流转成本低的机遇，在中华民族基因里的对于土地的热爱和冲动的裹挟下，掀起了一波接一波工商资本下乡的热潮。

多年来，中国的乡村土地政策措施在纠错中完善，前赴后继的工商资本下乡也经历着普遍的经营惨淡，遭遇土地政策和项目经营的种种瓶

---

① 陈良正，等．国际庄园经济发展经验对云南高原特色农业庄园经济发展的启示［J］．安徽农业科学，2014，42（11）：3432-3438.

颈与挫折，方才醒悟出农庄投资相较于工业投资的诸多不同，也方才领悟出东方农耕文化中诸如“一方水土养一方人”的在地智慧。同时，“谁来种地”的危机感让政府开始意识到乡村人才战略的重要性，将在地农业人才的培养写入了中央一号文件。于是，“乡村致富带头人”“科技特派员”“农民劳模”以及依附其上的各种社会荣誉，不断强化乡村精英群体的存在感与使命感，不断给予他们成长的教育、平台和勇气。各种产学研基地也从虚到实，渐渐地落地。至于如今，科普示范园、研学基地几乎成为规模农庄经营架构的标配项目，以满足消费者对于农庄体验内容的多元化刚需，毕竟个性消费的市场才刚刚起步。商业模式的选择往往是市场化检验的结果，是农庄经营当下的策略。从农家乐到民宿经营再到农业公园，盈利性是头等大事。至于慢生活这样未来可期的消费业态，还需要和康养农庄一起，等待消费市场的成熟时机，正所谓蓄势待发。因此，作为一种商业模式，农庄经营总是在盈利性的预期下渐进调整价值定位及盈利模式，并跟上中央一号文件的节奏。

经过20年的在地生长，大大小小具有现代庄园经济特点的农业开发经营体和产业聚落出现在中华大地，涌现出诸如浙江的乡村民宿、上海百欧欢模式、诚食（北京）农业科技有限公司“好农场”电商模式、成都新津县台商独资“翔生大地标准体系有机农业示范园区”、新疆伊犁河谷“解忧公主”薰衣草产业园，以及赤峰的认养羊羔、山东的太阳能村，还有黑龙江伊春400万公顷大森林带动的食用菌、蓝莓、药材、散养和浆果集散地形成的高效高产农业技术区等农庄经济的各种形态及其模块化。新世纪的中国乡村农业产业进入资本与科技并驾齐驱的时代，新科技新思维与传统农业相嵌合，带动着农业产业向乡村6级产业化转型发展，推动形成集体农庄和田园综合体规范发展的中国特色农庄经济范式。由此，农庄经济脱颖而出，成为历史的必然。

这期间，央视的《走遍中国》节目记录下了中华大地上此起彼伏的农庄成长故事。值得一提的是，中国农庄经济的成长史也是一部中国乡村土地政策的演进史。继新疆维吾尔自治区“中国西部金色庄园工程”开启了政府监管制下以土地使用权为产权基础的委托经营与合约化管理的现代高效农业的市场化实践探索之后，毗邻最发达城市上海的崇明岛，开放了农庄土地项目的招商，成为具有代表性的中国农庄经济市场化实践前哨。随后，四川、海南等省的土地创新政策纷纷出台，浙江省的民宿业发展逐渐形成了工商资本下乡的典型经验。在这些农庄经济实践的推动下，中国农庄经济发展的政策环境及其合规化监管也在不断改进着。

第一节　中国特色农庄经济的缘起与内涵考

新时代，中国特色农庄经济作为乡村文脉传承与发展最合适的产业载体，基于生态、效益和社会责任，很乡土，也很世界，还很数字化。中国特质的农庄经营，也必然很在地化，并回归与自然和谐相处的农业管理制度，站在农业多样性的起点，创新创业。

一、中国农庄经济成长简史

中国特色农庄经济的发端，可以追溯到 1996 年由新疆维吾尔自治区政府认定的“中国西部金色庄园工程”——一个要素集成、资本创新、股份合作的农庄经营实验体，开启了之后中华大地自上而下的发动和自下而上的创新探索——“互联网＋”“生态＋”“创客＋”，到现如今的“数字＋”“AI＋”等，激扬在地智慧的农庄经济的中国道路在追赶和学习中敲开了数字经济的大门，踏上更加广阔的生长平台。

新疆维吾尔自治区农业开发综合领导小组下文推动的“中国西部金色庄园工程”作为中国改革开放后第一个农庄经济的政府推动项目，前期就有 15 个项目中标。其中，广东省龙汇庄园有限公司推行了当时流行一时的农庄项目众筹运作模式，并因此引发了全国范围内的农业项目众筹热和随之而来的对农业项目众筹合规性与道德风险的质疑。同时，基于经济发展阶段的认知局限，“中国西部金色庄园工程”设计中因过分强调“资本农业”而缺失了对农民本体性和农业主体性的保护与强调，以至于失去典型意义与示范价值。之后，中国农庄经济从家庭农场起步，在中央一号文件的引领下，经历着野蛮生长的实践与探索。

因此，关于现代中国农庄经济的前世今生，就要从家庭农场说起。

当我们翻阅 2015 年之前的学术文献，会发现九成的研究论文是关于家庭农场的。对于家庭农场，农业部的定义是："以家庭成员为主要劳动力，从事农业规模化、集约化、商品化生产经营，并以农业收入为家庭主要收入来源的新型农业经营体。"

在这个时期，对于家庭农场和农庄经济的研究，涉及乡村土地制度、农业多样性、政策法规、业态创新等方面，其中对于东亚模式的研究多涉及与土地相关的政策研究。关于家庭农场发展的世界经验，唐茂华（2011）从城市化演进不同阶段的国际经验提出中国家庭农场发展的转型形态模式①；田桂山（2013）介绍了美国家庭农场的经营和可观收益②；何多奇（2009）探讨了美国家庭农场在创新中的转型经验，认为开放的土地政策和资本西进运动，让美国的家庭农场主可以利用要素扩大生产规模，并迅速转向现代农业经营形态③；卢荣善（2007）指出日本政府基于农户土地流转意愿低的情况，出台政策引导现代农业要素的高投入、壮大农协组织，并辅之以政府财政对农业的高补贴和促进大城市工业和人口向农村流动的政策，以增加农业兼业人口，从整体上增加就农人数④。

但中国大陆家庭农场发展的路径和模式，既不同于欧美，也有别于日本，养老型农庄、养生型农庄等多元创新模式不断涌现。围绕庄园经济的土地规模、劳动雇佣、资金投资、组织制度等方面，于建嵘

---

① 唐茂华．城市化演进的多元型式及其借鉴：基于历史和跨国视角［J］．学习与实践，2011（1 期）：18-30.

② 田桂山．美国家庭农场的形成及其收入比较［J］．世界农业，2013（10）：46-47，58.

③ 何多奇．19 世纪美国西部家庭农场制度与传统农业转型［J］．华南师范大学学报（社会科学版），2009（4）：26-30.

④ 田桂山．美国家庭农场的形成及其收入比较［J］．世界农业，2013（10）：46-47，58.

（2013）研究了当时以“庄园经济”命名的农村土地开发经营模式，提出“资本农业”和“产业创新”是现代庄园经济的特征①，认为现代庄园经济“是一种利用现代融资渠道，以市场为导向，以科技为支柱，以经济效益为中心的农业开发与经营发展模式”②。2014年，随着中央一号文件的出台，媒体大量报道了各地家庭农场的经验和模式，如“公司＋庄园”“庄园＋农户”“庄园＋院校”等，基本的模式无外乎订单农业、基地农业和产学研联合体的固有范式。接着，一些媒体开始对一些偏离第一产业的诸如农业地产、会议农庄等现象提出质疑与反思，农庄经营的合规性与可持续性逐渐被关注。

海峡两岸关于农庄经济的研究和交流较多地聚焦于乡村文创领域，台湾的乡村精英和乡建培根团队也深入参与了大陆的乡村振兴，越来越多台胞来大陆投资农庄经营。大陆学者对于台湾地区家庭农场产业制度方面的研究，集中在对台湾土地制度和土地规模集约的金融服务和就业辅导政策方面。其中，有大量关于“小地主大佃农”的研究，主要取其经验，对于这一政策实施中的问题及政策变化，则较少涉及，存在研究的局限性。在农业组织制度方面，台湾农会、产销班、合作组织在整合家庭农场发展农庄经济方面贡献良多，但大陆学者主要关注农会和产销班整合家庭农场规模的研究，关于合作社方面的研究则不够深入。此外，关于农庄经济的研究，由于台湾地区也正处于试验和探索阶段，一些成功的案例报告，散见于两岸媒体以及大陆团体考察台湾乡村再造和休闲农业的相关论文和考察报告中。其中，对台湾乡村休闲创意的精致和农庄经济的社会、经济与文化效益给予了肯定。因此，海峡两岸农业农村交流对于中国农庄经济的发展是有一定贡献的。

台湾模式在借鉴日本6级产业化的理念和经验的基础上，衍生出基于生活美学及其“小确幸”价值取向的独特的乡村农庄经济及文创产业。台湾的农庄文化与生活美学随着台湾技术、团队的登陆，深刻影响

① 于建嵘．中国现代“庄园经济”研究［J］．农业经济问题，1999（3）：51-55.

② 王成周．安徽发展现代庄园经济的理论与实践［J］．理论建设，2013（6）：5-10.

了中国大陆农庄经营的管理范式和生活、生态价值取向。

2015 年之后，乡村 6 级产业化的理念与实践开始在中国大陆流行起来，朱强、李丰认为，乡村 6 级产业化的加法效应创造了新供给，乘法效应创造了新业态。加法效应的动力让农庄经营者从农业向加工、销售、物流、服务延伸业态，最终形成的农业全产业链，可打破产业分工的微笑曲线，直接提升农庄经营者的增值收益和产业竞争力；乘法效应则是借助开发供应链环节的科技应用和营销创新来提升产品竞争力与附加价值。自此，中国农庄经济站在了 6 级产业化的起跑线上，并迅速借着中央一号文件的东风，向集体农庄、康养农庄等现代农庄经济形态开枝散叶。

于是，民间智库 APP 大量涌入农庄案例教育和农庄规划指导领域，相关主题的公众号也大量出现。在诸如美丽新集、北麓雅集、北新仓农业、飞思农庄、福州市茂丰休闲农业发展有限公司、江苏丁庄葡萄等不同所有制形式的规模农庄公众号整体上线的同时，各类家庭农场、民宿和准农庄的微店和微信朋友圈的营销攻略也都上线了，“喜马拉雅”平台上也出现了“三生讲坛”这类内容消费的农庄经济教育产品，其中不乏海峡两岸农庄经济的践行者和权威专家的分享。一幅“十三五”农庄经济理论与实践的图谱就这样在我们周遭铺展开来。

而对于中国农庄经济的经验认知，最先从乡建团队中传达出来。乡建者们一致认为，乡村产业的定位有别于城市工业的本质，乡村是围绕“生活”的场域。学术界紧随其后，加以论证和完善。张孝德（2020）提出“正在升温的新回乡运动，首先表现出中华民族精神的回归”。[①]

对于文明的反思，让农庄经济肩负了探索直面文明危机的新文明之路的使命。刘东岭在 2020 年 7 月的“喜马拉雅 · 三生讲堂”直播“传统村落保护与生态村四个维度整合设计的关系”中，提出从“生态、经济、文化、社群”四个维度对传统村落进行全系统反思，基于村民的“食宿耕读”规划游客的“食宿游学”体验，打造诸如“乡村生活禅”

---

① 张孝德．关注“新回乡运动”走城乡双向流动城镇化之路［R］．2019-01-01.

等慢养文化。他的观点是海峡两岸乡建实践的智慧结晶，他主张乡村项目应该基于生活功能而有别于工业发展的设计理念，从而释放出一种对于农庄经济系统文化建构的在地化信号。

二、中国农庄经济的内涵及其演进

2015 年是中国农庄经济发展的元年，一切都在杂乱中孕育，蓄势待发。于是，有一些本土的农业企业在市场中顺流而上，找准定位，成长起来，比如北京近郊的“蟹岛农庄”、内蒙古保利农业的政府菜篮子基地、福建长乐侨乡的“茂丰农庄”、河南郝堂村集体农庄和它的“如莲茶馆”，以及接来下将陆续提到的一个个农庄创业和守业的故事……

我在 2015 年提出“农庄经济”概念的初衷，是基于 2015 年前后工商资本下乡遭遇到了严重的发展问题。盲目圈地的结果是巨大的投入成本超出了预期，对于农业产业周期长见效慢特点的认知不足，导致在项目商业模式的设计上存在盲目性，加上在地化经营的人才留不住等。并且，当时绝大多数的农庄真实的定位是乡村会所，和农业没太大关系。如此导向的中国农庄经济理念严重偏离了农业本体而一味追求资本收益，并漠视生态保育的问题，以致“庄园”一度成为灰色的名词，农业地产和其他非农经营的“庄园”概念也混淆并冲击着农庄经济的产业体系，最终成为那些在乡村投资而血本无归的工商资本的发展泥沼——陷入价值判断的误区。

但是，我也观察到，在另外一个层面，随着青年渐次返乡和家庭农场的成长，中国农庄经济经历了最生动也最关键的黄金 10 年，一些兼具生态与效益的农庄经营形态脱颖而出，成为引领乡村生态、产业、社会、文化发展的龙头产业。

乡村 6 级产业化，必然会首先去改变农业作为第一产业的价值被严重低估的情况。面对即将井喷式下乡的农业高科技，我们准备好了吗？面对大量的农庄经济第一产业基础薄弱，资本追逐短期获利带来的浮夸风气，我们有蛰伏于乡村深耕农业与乡村文脉的勇气吗？因此，在 2015 年那个农庄经济矫枉过正、蓄势待发的阶段，我所给出的农庄经济和农庄经营的定义偏向于强调土地用于农业经营的基础性和乡村文脉对于农庄经济可持续发展的重要性，这是一种基于认知纠偏的概念：

“农庄经营，是指土地种养殖规模达到70%及以上，并且非农业经营建设用地不超过3%的经营模式。它集适度规模经营、乡村体验、民宿经营、产业带动、生态教育等功能于一体，通过科技创新、文化创意等价值发现，实现多元化经营和较高的产值效益；

农庄经济，是集乡村农业产业、乡村文化产业、乡村服务业于一体，能够引领乡村产业，传承乡村文脉，涵养乡村生态，具有鲜明的在地化特质的乡村经济形态。”①

2015年，正是乡村6级产业化模式在东亚推行的全盛时期。同期的中国农庄经济则才刚刚嗅到乡村6级产业化的气息。由于没有扎实的农业经营基础，盲目发展乡村民宿与休闲产业，重复建设和空置率居高问题严重，更不用提项目自身的价值定位。于是，很多工商资本都有着投入巨大而经营举步维艰的痛苦经验。

提出“土地种养殖规模达到70%及以上”“农业经营建设用地不超过3%”的初衷，也是基于当时农庄经营野蛮生长的现实，希望农庄经营回归农业的本源，重视乡村文脉修复和生态保育所能带动的持续外部经济效益。因为只有这样重建起来的产业基石，才能赋予农庄经济永续发展的动力，农庄经济也才能因在地特质及特色定位而有稳定和持久的收益与成长。

而在“十四五”这样一个机遇与挑战并存的时期，乡村文脉与农庄经济互为外部性的认知已经尘埃落定，借助5G新基建的完善，二者相互加成的运行机制将突破传统的城乡圈层与技术壁垒，在新的产业时空格局下不断创新和拓展农庄经济的内涵和外延，并推动城乡融合，缩小城乡差距。

首先，互联网和数字经济颠覆了传统要素的供给方式和产业形态。被这样一个科技裂变时代赋能的农庄经济和农庄经营的外延性也将是无

---

① 陈彤．中国农庄经济成长的土地政策研究［J］．东南学术，2015（5）．

界的。

图 9 显示，数字经济引领下的中国农庄经济 6 级产业化的发展范式明显不同于东亚范式，数字平台的普及与升级打通了农庄经营技术跨界、资源互动与合作的路径，它所赋予的团队跨界与多元协作的时空特质以及各类要素资源获取的低成本和高效能，将带动技术裂变、业态重构与乡村文明的日新月异。

于是，中国农庄经济的在地乡村 6 级产业化道路，经由数字平台的应用加成，至少已经在供给和需求两端延展出营销裂变和共享农庄两个模块。

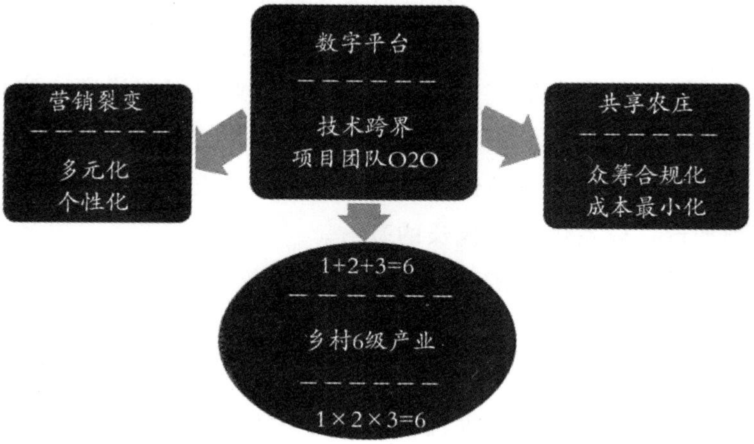

图 9　数字时代与乡村 6 级产业化

一方面，线上线下各个模块的团队和精英人才，可以满足项目研发、资本、市场等全产业链的开发和运营需求。由网红、网络直播等推波助澜的电商新时代激发出的多元化与个性化供需关系，细分出无数的技术与服务门类，这就是数字时代的营销裂变。同时，一批批大学生“村官”——驻村第一书记，将数字化时代的思维和电商运营模式带到乡村，农村淘宝、星创空间、助农平台等在试错中探索着链接城乡两个市场的路径与模式，也通过网络和平台探索着区域间的合作。这一群生机勃勃的年轻人，成为新时代乡村振兴一道独特的风景。因为他们的付出和努力，乡村产业和乡村文脉得以维系，并为营销创意提供了基本的在地素材，我们也才可以更加自信地展望集体农庄的中国道路。

另一方面，数字平台催生出最具中国特色的“共享农庄”。共享化推动农庄经济去整合成本最小化和要素、资源利用最大化的发展模式；共享化也推动了共享服务平台的发展，并让资源、要素和服务的获取更加方便快捷，成为农业推广服务体系的创新模式。进而最大化降低技术转化成本，加速农庄技术进步和农业现代化水平，从而激发数字时代赋予农庄经济的无边界外延性及其开放经济特征与产业体系的溢出效应。

在这样的时代背景下，海南共享农庄联盟应运而生。这是一个响应海南省政府发起的《海南省人民政府关于以发展共享农庄为抓手建设美丽乡村的指导意见》而成立的全面服务于海南共享农庄事业的非营利性组织平台，平台很快聚集了一批与共享农庄产业研发、运营、应用服务相关联的企事业单位、科研机构和社会组织，为政府核定的 61 家共享农庄提供农业社会化及其增值服务。共享农庄的发展至此有了官产学合作的便利平台，以及供应链成长的基石。

正因为数字技术应用的基础和互联网的高度普及，经过“十三五”规划试水成长起来的中国农庄经济，有了在中央一号文件引导与推动下大胆试水数字农庄和慢生活康养产业的勇气。一个个集体农庄和田园综合体项目迅速成长起来，制度优势催生的集成模块在地生长，充分展现出中国特色的乡村振兴的恢宏气概。尽管改革与创新的路上倒下了许多牺牲者，但是越挫越勇的农庄经营者们在中央一号文件的引领下，更加理性，也更加坚定。

这些农庄经营者，经历过失败的教训和沉静的思考，也感受过快闪的荣光和坚守的傲娇，成为真正愿意扎根乡村与农业产业的农庄精英。他们脱颖而出，尽管也许只是不到 5%的存在，却为中国农庄经济的成长积累了宝贵的经验与智慧。面对在中央一号文件引领下快速成长起来的农庄经济和产业精英们，中国特色农庄经济和农庄经营的内涵与外延已经与时俱进了。到“十四五”规划开局之年，农庄经济正式成为乡村振兴的龙头产业体系，成为中国特色社会主义道路的重要实践范式，农庄经济和农庄经营的意涵已然更加深刻且更加丰富——

中国农庄经营，是采用现代生产技术和网络科技改进生产流程、降低生产成本、开发多元体验的规模化现代农业经营方式。它围绕着乡村6级产业化，通过科技创新推广、在地文化创意、数字平台共享等价值创造和价值发现，建构农庄经营在地化、智能化、节能化、无毒化、多元化、无界化的永续发展模式。

中国农庄经济，是在中央一号文件引领下，由政府大力推进与扶持，工商资本下乡和知识精英返乡创新创业的市场化探索，是引领乡村产业、传承乡村文脉、涵养乡村生态、壮大乡村集体经济组织的中国特色乡村振兴战略中的重要产业形态。

接下来的技术路线图，将从市场需求升级的角度，进一步说明中国特色农庄经营和农庄经济的内涵与外延。

实践表明，农庄经营的平均生命周期在5年左右，并且往往需要5—8年的基础打造才能进入成长期。随着资本、技术、人才、创意、文脉、交通、网络平台等农庄经济要素资源的不断派生与相互融合，农庄经济的经营边界具有了无限延展性，第一个5年的营收往往投入第二个5年、第三个5年的运营升级中，中国的农庄经济就这样在不断满足消费潮流和追逐新的盈利点的过程中，不断创新创意出自身的经营壁垒优势并突破原有的经营壁垒与要素边界，变得更加在地化与全球化、多元化与个性化（图10）。

M代表需求不断升级与演化的过程，正如中国农庄经济的发展演进，是基于在地农产品和在地文脉推动的乡村6级产业——在地休闲体验消费、绿色消费的市场需求被激发。在打通了乡村物流最后1公里之后，户外采摘和在地生态农产品配送迎来了最好的发展机遇——农庄经济遭遇数字经济，文化与新科技引爆市场裂变与加成。数字农庄的多元化与个性化市场潜力不断被深度挖掘，下一个目标或许就是慢生活行业的市场需求。箭头向右延伸，表示新需求M_n不断产生，带动新供给P_n的创新和创意。而农庄经济的核心竞争力D，无论在技术优势、文化优势、组织优势，还是跨界整合优势方面，都将不断面临挑战和机遇，进

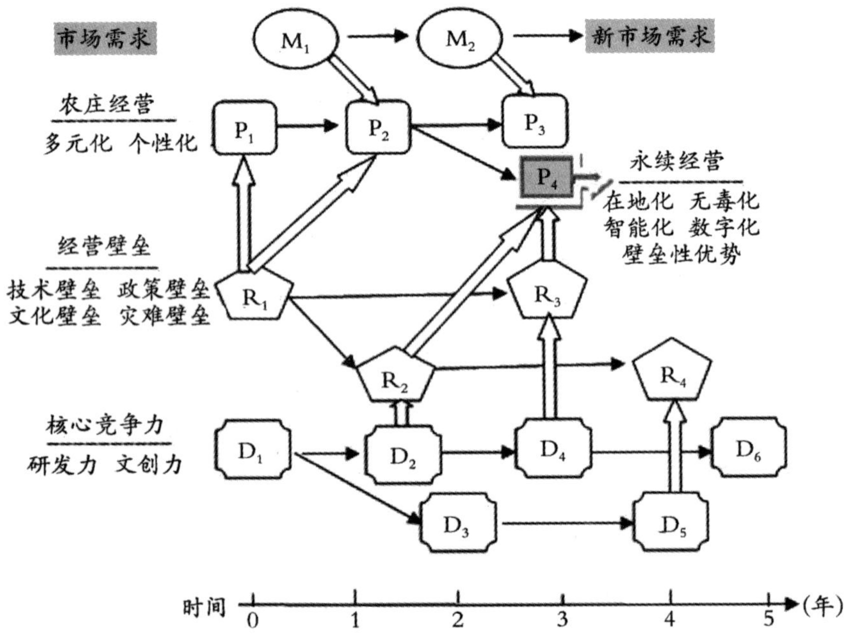

图 10　中国特色农庄经济的内涵与外延

而触发兼具在地化的融入性与带动性的创新与发展。

以 P_2 为例，面对 M_1 产生的新需求，P_2 就需要分析 R_1 的哪些壁垒可以经由创新和创意变成转机，或是有可能被新的需求场景或新的技术超越和改进。此时，D_2 的研发力与文创力就会被调动起来，运用互联网时代无限的创新创意源泉为跨界拓展中的机遇和挑战提供靶向性解决方案，帮助农庄经营找到成长的突破口。此时，平台的资源调动与整合功能，就显示出无比重要的功用。这也解释了为什么大多数的农庄经营者钟爱各种各样的平台。

因此，代表农庄经营瓶颈和困难的 R，却也可能孕育着转机。正如我们熟知的，每一次的技术升级和市场迭代都会引发农庄经营的战略调整甚至价值再造，而像新冠肺炎疫情这样的灾难壁垒，在孕育新业态新机会的同时，也对农庄经济的规范化、生态化、智能化以及产业链无毒化提出了更高的要求和期许。此时，农庄经营的生态理念和生态保育实践，假以时日，将成就农庄经济的外部性，收获品牌效益与生态效益的回馈，就像接下来要讲到的阿强嫂和竹海庄园的故事那样，生态农业带来的生物多样性的修复，惊艳了慕名而来的休闲客，成为推介农庄生态产品的无声视频，产品就这样被认可被销售，乡村就这样被认同被惦念，农庄经营也就这样长长久久地走向明天。

同时，作为供给主体的P，代表了核心竞争力D所赋予的迭代文化和新业态、新产品。受到技术应用和创新创意的影响，以及核心竞争力D对农庄经营壁垒的突破与改进，动态型的农庄经济形态以及多元化与个性化的经营生态被一次又一次地开启，带动诸如适度规模农庄、主题农庄、集体农庄、田园综合体等农庄经济体系的调整或重构，乃至顶层设计的升华。同时，底部还不断有一些离散型农庄形态和萌芽在生长，诸如家庭农场，诸如以合作社形式结对帮扶乃至成立合作社联盟，诸如“扶贫蜂”那样串联起来的家家户户的离散型联盟。这些基于村社文化和政策导向的乡村农庄经济的雏形，也可以看作是集体农庄的概念延展。我们再回头望望美丽的崇明岛，岛上的一个个农庄、农家乐、家庭农场和农业公园，不正像是农庄经济大家庭里的“小套娃”吗？

所以，随着农庄经济自体性的改进与发展，在地化与开放性的格局赋予了中国特色农庄经济不拘一格的无界特质与成长空间。中国特色的农庄经济既是文旅产业也是农业产业，其中唯一不能改变的，是它的农业产业的内核与根基，否则就将偏离解决“三农”问题的发展初心，偏离中国特色的社会主义发展道路。

最后，图10中所有的指标最终都指向P_4这个决定农庄经营永续成长的产品与服务方向，重新强调农产品品质的重要性和在地品牌战略的影响力。农业产业长周期的特质，决定了农庄经营过程中对于产品质量的坚守和对于品牌的精进，以及对于在地文化和在地资源的独特把握，只有持续经年，才能够塑造出农庄独特的吸引力。其中的D_4和D_5，不断缔造和升级价值定位的壁垒，让农庄经营实现了效益的最大化和永续生长。同时，只有在价值定位清晰后，资本对于科技应用的投入，才能最大限度地推进生产力发展和生产效率的提升，成就中国特色农庄经济的千姿百态。

第二节　农庄经济的使命：乡村文脉、食品安全、城乡融合

面对生态破坏的不可逆，面对农产品的不安全生产，面对正在消失的一个个村庄，寻找小时候的味道、保护村口的老槐树等，成了时下的人们挥之不去的乡愁与情怀。发展农庄经济和工商资本下乡，不是去和乡村争夺资源与发展空间，而是要打通城乡两个市场，帮助乡村融入现代化的进程。因此，强调农庄经济在地化的融入性与带动性，是价值定位使然，也为农庄经济项目融入乡村，与乡村产业、乡村生态、乡村文脉一起成长，指明了方向。

一、乡村振兴的“链主”

2020年，中央一号文件中提出发展“文旅小镇”，这是在总结2014年以来浙江等省的特色小镇和田园综合体发展经验的基础上提出的新时代乡村振兴发展战略。接下来，集农庄经济之要素大成的康养小镇、集体农庄等农庄经济项目，在重新建构城乡结构和带动城乡产业跨界融合的过程中，将扮演起“链主”的角色。

2020年，政府工作报告基于区域全面发展提出中西部联动和中南部崛起战略，鼓励区际开放与联动。于是，“河南实验”和“海南自由贸易港”的实践开始在农庄经济领域崭露头角。

海南省作为农业大省和旅游大省，有着先行先试农庄经济6级产业化的得天独厚的产业基础，在自由港区政策的支持下，可以更加方便地发挥人才引进和新业态创新优势，依托农庄经济大力发展特色农产品节庆和民俗旅游，大力推进数字农庄转型发展，拓展和创新农庄6级产业新业态。海南省的共享农庄在借鉴基础上因地制宜推出了制度规范与扶持政策，打造标准化“共享农庄”品牌，重点支持农庄建立农业物联网系统和可视化监控系统，生产安全食品。同时，政策规定民宿逢建必

报，且不能超过三层，还要体现地域特色，严禁以农庄为名违法违规开发房地产或建私人庄园会所，并把农庄建设与全域旅游、百镇千村建设以及休闲农业示范点、乡村旅游示范点、现代农业示范基地建设结合起来，允许基础条件好的村庄、农场等先行试点，坚持贫困村优先发展，并探索运用“共享农庄”理念开展生态移民扶贫。

海南省的“共享农庄”扶持政策主要有：

（1）财政支出优先保障。探索推广政府和社会资本合作，采取先建后补、贷款贴息、贷款担保等方式支持发展“共享农庄”。

（2）拓宽抵押物范围，创新金融保险政策，创新存货抵押、订单抵押、畜禽产品抵押业务和信用贷款。

（3）落实用地政策，鼓励文昌市利用“农村集体经营性建设用地入市试点”政策试点“共享农庄”项目。

（4）对下乡以租赁合作方式利用空闲农房参与“共享农庄”项目的市民，市县政府给予奖补；对发展“共享农庄”基础设施和公共服务设施项目的，给予奖补。

农庄经济在地生长的“链主”使命，首先是与乡村精英群体的成长休戚与共的。2015 年，当“概念农业”如火如荼之时，有一群默默无闻的劳动者正在用智慧与汗水在中国食品安全的历史上留下平凡的剪影，并在留住乡愁的情怀驱动下致力于修复乡村文脉。在一个个无以复制的故事里，诞生了一个个乡村精英群体。他们是农庄经济最宝贵的在地财富，他们用智慧和辛劳在新时代的年轮上留下信念与韶华。他们被称为——青年创富带头人！

2019 年，在主持福州市委统战部关于乡村振兴中乡贤作用的课题时，我有幸来到竹海庄园，下了车就看到洋溢着幸福笑容的阿强嫂。她穿着美丽的畲族服饰，站在荷塘田田的农舍门前。我环顾四周，感觉是来到了台湾的民宿，忍不住脱口而出：“没想到福建还有这么好的地方！”作为服装设计师的阿强嫂，口才也是一流的，她最得意的就是她和阿强哥为村庄设计并亲自动手搭建的第一个厕所，由于采用了传统的通风屋顶，厕所里面整洁干净，没有异味。领着大家参观她和阿强哥用心建造的厕所，讲解其中的细节与奥秘，是她最开心的事情。在她的引导下，村民们也十分注重维护厕所的整洁。而阿强嫂更是年复一年地不断创意和改进这个乡村公厕，甚至坐在公厕门前喝茶赏花，都丝毫不煞风景！就这样，阿强嫂用一所公厕树立起了乡村文明新风尚的标杆。

链 接

新村民来了：阿强嫂与畲乡的明天

工商资本下乡，带来的不仅是资金，更重要的是经营管理经验，这是商业精英对在地产业和乡村文脉重建与修复的贡献。

2014年，从事服装设计的阿强嫂带着阿强哥进山了，她看中的是畲乡的好生态和淳朴的民风。初到时，“村里只剩下12个老人”，但阿强嫂却有独到的眼光，她带着阿强哥改造牛棚为民宿，设计建造了村里唯一的既传统又现代的厕所——这个厕所可算是那时村里最美的建筑了。她在屋前种起大片的荷花，拉起微信群“畲乡快乐群”，让村里的妇女们来她的竹海庄园上班……在山乡静静的夜空下，她设计的畲族服饰获得了国际大奖。

渐渐地，竹海庄园定位“健康、生态”的农产品打开了高端人群市场渠道，生态农业项目也逐渐修复农庄的自然生态环境，一度消失的野生黑水鸭、中国斗鱼、中华青鳉等野生物种又回到了池塘和水田里。于是，陆续有十几户村民搬回村庄就业，凋敝的乡村社区有了复苏的景象。企业家出身的阿强嫂起了“合股”带动村民致富的念头，于是，夫妻俩成立了“乡状元”公司，与村集体联合，依托美丽乡村项目，先由村集体投入50万元村扶持资金建民宿，再以“乡状元＋村集体经济＋合作社＋农户”模式，推动村民成立畲农合作社入股。

如今，竹海庄园的畲乡风情和稻田养鱼模式下的摸鱼乐趣，吸引了上万的休闲客流，竹海庄园也获得省、市休闲农业示范点称号，辐射带动周边9个村发展稻渔综合种养基地近千亩，美名远播。2019年，阿强哥在荷花池里搭起了大舞台，穿着得了设计大奖的畲族服饰的阿强嫂口齿伶俐地主持起了“中国农民丰收节”。——好强而聪慧的阿强嫂要带领畲乡的乡亲一起打糍粑，一起烤莲子，一起在稻田里养鱼，一起把绿色食品卖到城里去，一起把畲乡的日子过得甜甜蜜蜜……

阿强嫂是幸运的，罗源县政府十分重视发掘畲族文化，吸引人才回流，打造具有典型地方民族特色的产业链，以带动罗源乡村振兴和文化旅游的发展。

作为罗源县畲乡秀岭村“乡状元”的品牌项目，极简民宿和绿色食品生产加工链日臻完善，阿强嫂将畲族文化元素运用到服装设计和项目文创中，还建立了全国首个“两岸少数民族青年体验交流中心”。政府资源很给力地倾斜和注入，越来越多的畲乡年轻人回归创业。2019 年，罗源县统战部为“乡状元”授牌“罗源县新的社会阶层人士实践交流活动基地”。

平台越来越开阔，阿强嫂的舞姿也越发夺目：我们可以看到她自信满满地打造“畲乡乌米饭”的各种秀，也可以看到她在田田的荷园里带着乡亲们烤莲子的身姿，还能看到她在微博里时不时秀一秀和阿强哥的无边恩爱。她俨然风情万种的农庄女主人，身体力行地演绎着农庄优雅的慢生活与畲寨风情，欢欢喜喜地把自己活成了畲族老乡。这样的阿强嫂，成了竹海庄园的灵魂，也成了畲乡当之无愧的形象代言人！

在中国乡村农业产业结构进入转型和优化的历史阶段，工商资本下乡、信息技术和农业新技术的运用，以及国家政策对于乡村 6 级产业的引导，推动着农庄经济成为集农业产业、文化产业、康养产业、农业服务业于一身的乡村振兴产业龙头，被赋予适度规模经营、乡村体验、民宿经营、产业带动、生态教育等内涵，并且在产业结构转型、人才回流、在地就业、延伸农业产业价值链、凝聚乡村文脉、修复乡村生态、发展合作经济等方面，起到示范和引领作用。时代的潮流也在鼓舞和推动着像阿强嫂、方茂这样深耕乡村的农庄经济践行者们。

初识方茂是在 2015 年，我初次来到长乐市猴屿乡——一个著名的侨乡——与乡镇干部围席而坐，听着他们兴致勃勃地介绍即将落地的著名的飞思农庄的休闲规划项目。在你一言我一语的交谈过程中，我逐渐被坐在身边的一身土气的方茂吸引了，当我知道他承包了300多亩地发展种植的时候，我开始专心地和他聊起来。从他平实的讲述中，我深切感受到他对土地的真切热爱，但是他急切地说，村委打算收回租给他的300亩地转给飞思农庄——道理很简单，飞思农庄已经有了成熟的商业模式，而方茂承包300亩地仅仅种下了十几个圣女果品种。也许是被方茂投身农业的赤诚感染，我说："我觉得方茂的项目更好，因为他真的是在做农业！"

我很庆幸当时投了方茂一票，因为方茂不仅热爱土地，还很会经营土地。经过多年的精进与求索，多元发展、奉献社会、产业引领，茂丰农庄的旗帜一直一直高高飘扬着……

阿强嫂和方茂这样的工商精英下乡，是乡村的幸运。因为他们有经商的经验，有专业的背景、独到的市场化眼光和对土地由衷的热爱。他们在地蛰伏，逐渐唤醒乡村对于在地传统的重视和挖掘。

也正因为有了这些乡村精英群体，中国农庄经济面对农产品柠檬市场怪圈困局时才有了破局的智慧与底气。而农庄经济对于城乡间市场的建构，也不断调整并优化着农产品安全生产与合理利润预期之间的平衡点，推动农产品价格逐渐回归到其价值的合理区间。也就是说，在农庄在地产业链推动乡村土地价格回归理性的过程中，第一产业向加工、休闲、体验、文创等具有更高附加值的环节延伸，引领消费市场生态、绿色和乡村体验的趋势，并在这个过程中完成消费教育的使命与农庄品牌的价值定位。于是，农庄经济的使命感在农产品价格与价值的理性博弈间油然而生。

再往南走，穿过海峡，就是祖国宝岛台湾。

在紧随乡村6级产业化发展的台湾，农会担负起了振兴乡村产业和修复乡村文脉的使命。用台湾老师的话说，台湾的农会，就好像是大陆的事业单位。台湾农会对于乡村社会的影响力十分重大，犹如大陆的村集体经济组织，全方位涵盖乡村文脉、乡村产业、农业推广甚至选举选票等各个领域。

台湾地区的“在地化”实践，透过精致用心的乡村文创，充分印证了原汁原味地复原乡村文脉与传统风貌的创意是最可持续的产业成长资源的观点。“在地化”理念开始“自下而上”得以实施，并营造出对于乡村文脉与生态的认同自觉，成为农庄经济的成长根基。典型如台南县“无米乐”社区的农村再生实验——这是一个基于传统资源复苏乡村文脉与产业，改造村庄并修旧如旧的成功案例。其间，投资修缮嫁妆一条街的联排二层木屋，恢复碾米厂、教堂、钟表铺、诊所、红砖三合院等老建筑和传统产业，复原乡土生活场景，而具有现代感的记录电影“无米乐”进一步强化了乡愁，并向外界传达出这里老旧乡村农家生活的怡然。营造出的乡土情结，成功吸引了艺术工作者和年轻人的驻留、创业、办展。如此，传统文化元素和现代元素的良性互动，使得这个老旧的村庄因着老旧古朴的魅力迎合了都市人的乡愁情怀而恢复了生机与活力，被誉为台湾乡村“活的博物馆”。这样的农庄经济，不仅振兴了农庄产业，也复活了乡村文脉与乡村社会。

链 接

鹿谷乡农会的姑娘们

访问台湾鹿谷乡农会的那一天，天气晴好，农会大楼一层有姑娘在准备摆茶席。要知道，鹿谷乡的红茶在台湾是年年茶赛都拿奖的。

农会干部介绍说，这些都是村里的姑娘，农会将她们组织起来学习茶艺、培训茶果园导览，还常常搞家政竞赛，姑娘们端出平日里精心研发的菜品，生活里的烟火味被炒作得无比馨香。

姑娘们还被请到乡村小学课堂去教孩子们茶艺，让茶乡的孩子从小爱上茶、懂得茶。游客来了，姑娘们会给每人发一个小篮子，一路去到茶果园，教游客如何采摘、如何爱护茶果园的一草一花一木。

在姑娘们热情真挚的讲解中，游客不仅可以体味到其中的在地自豪感，还习得了文明采摘和安全食品的知识，绿色消费慢慢地变成了一种风尚。

二、集体农庄的新意涵

循着中央一号文件的脉络，我们似乎抓住了乡愁。以集体农庄为引领来发展乡村，是乡村经济社会和文脉全面复苏的最优路径。在东方的文化传统里，叶落归根与告老还乡，推动精英返乡，活化和延续乡村文脉，而乡村文脉作为农庄经济重要的外部性及其资源，对农庄经济永续经营起到积极的作用。

在四川省，有一列从大凉山开出的慢火车行驶在一条从县城到彝族聚居区的交通干线上。出于对乡土生活的尊重以及对农民生活的体谅，这列慢火车总是载着各种谷物禽类，经年累月往返于燕岗和攀枝花的城乡之间。农庄经济就犹如这样的一列慢火车，连着乡村和城市两个市场，做城乡融合的践行者。

纵观近10年中国农庄经济的发展历程，大致有两个阶段：

第一阶段：2013—2015年，家庭农场和农业众筹的蛮荒年代；

第二阶段：2016—2020年，站到了风口上的农庄经济成长期。

中国农庄经济的发展因循了实践先于理论的发展路径。政策逐渐对市场进行引导和纠偏，直至2020年“文旅小镇”政策出台，中国农庄经济完成了最后的发展架构与战略蓝图描绘，开启了全新的数字经济模式。同时，农庄经济开始觉悟，开始拥抱集体经济——集体农庄担负起振兴乡村的使命。中国特色的美丽乡村升级版，俨然就是一幅乡村6级产业化的蓝图。

于是，我们看到了村庄自治的创新与乡村社会的复苏，等到了诸如2019年福州市晋安区寿山乡九峰村农村集体产权制度改革的基层实践——260户村民成立九峰股份经济合作社，将自家的钱拿出来兑成股份，共同发展休闲农业。就连行道树也是种的果树，就连村里上百亩曾经抛荒的边角地块也复垦种上了农作物，整个村庄就这样成了一个生机勃勃的股份制农庄。

在“十三五”规划的发展基础上，发挥村集体经济的凝聚力与引领性，将成为“十四五”期间乡村振兴的主旋律。集体农庄的实践，是社会主义制度优越性的重要展现。集体农庄的实践也表明，只有充分尊重在地文脉和乡村资源，合理设计利益分配模式，农庄经济方得持续经营。

在华东地区，村集体带领的农庄经济在“十四五”规划刚开局就有了很好的表现。

在福建省，美丽乡村升级版带动下的集体农庄的发展，可谓高屋建瓴，有着很强的时代融入感——从数字科技和文创入手传承并发展乡村文脉，因此吸引到一批市场经济的弄潮儿加盟到乡建大军中，为集体农庄建设带来了更开阔的视野与多元的人才团队。这样的在地文化领航、产业联动的整村发展模式，正在福建的美丽乡村铺展开来。富裕起来的农民开始懂得珍惜生态资源与乡村文脉，懂得用智慧和汗水将绿水青山变成金山银山。

链 接

斌溪村的“英雄帖”

福建罗源斌溪村委会凭借人杰地灵的优势，以乡村 6 级产业化的架构，发出了“英雄帖”。

经过“美丽乡村”整治的斌溪村，2018 年又投资 3000 万元打造出“一渠清水通福州”的好风景。同时，广发“英雄帖”，邀请乡贤返乡创业，聚义新乡贤，共建集体农庄。

一时间，在杭州经商的余朝申回乡投资 800 万元办起月爿山庄园，做起“田秀才”，经营起百亩果园、特色民宿和娱乐餐饮；乡贤余林金租下 200 亩荒地建花卉种植基地，带动了 10 多户村民；村民余武辉等“土专家”花费 2 年修成 20 多万字的《斌溪村志》……

图 11　乡村振兴五位一体服务模式

村集体还引进 74 岁的根雕艺术大师林兴坦，将废弃的农舍改造成“斌溪根雕馆”，放上 5 米长的镇馆之宝——东方巨龙。乡村文脉、农庄经营、城乡融合就这样被信手拈来，让原本就人杰地灵的斌溪村，在青年艺术家、省级科技特派员许国发的带领下，创建了乡村振兴人才驿站，以“政＋校＋企＋社会组织＋人才驿站”乡村振兴五位一体服务模式，出乎村民意料地在网络上火了，“抖音”还从全国各地引来一群“乡创客”……

所谓五位一体，“政＋校＋企”其实就是官产研模式，只是这样的模式由一个民间社会服务平台提出，更加聚焦到落地的层面。“社会组织＋人才驿站”不正是一个个项目中试与推广的功能机构吗？乡村振兴的五位一体服务模式，其本质就是在原有的农业服务体系的基础上，探索在地化的解决方案，它最突出的亮点和贡献在于针对目前乡村振兴中最紧迫的人才下乡和项目带动的问题，用年轻人喜闻乐见的“抖音”等传播方式，得到年轻人的响应和认可，从而开辟了返乡青年抱团下乡创业的新模式新思路。而随着平台上要素和资源的不断聚集和扩散，对于人才和项目有的放矢地引进和管理，也锤炼和提升了乡村振兴人才驿站的工作能力，让它们在更多的资源聚集下，有了优选的空间。随着他们的抛砖引玉，会有越来越多的乡村振兴团队在国家政策的激励下，投身到乡村振兴的实务中。

于是，我和许国发的讨论就转向了另一个话题：“十四五”期间的乡村，是一个更加开放、更加市场化的广阔天地，关于如何监管项目的运作和保障项目的有序成长，政府管理部门是否可以出台一个类似负面清单的管理方案？基于生态、乡村在地文脉和乡土社会的基本特质，给乡村振兴项目把关，以防止乡村振兴项目给乡土社会造成不必要的损害。

在河南省，“河南实验”又如何呢？作为中国中部农业大省的带头大哥，早在“十三五”期间，河南乡村的集体农庄就已经赫赫有名了。

河南省作为中原文化的发源地之一，有着深厚的中华文化底蕴，河南省的农庄经济有着浓厚的汉文化特色。河南省也是中国农民工大省，“回归经济”“就业扶贫”的“河南实验”，作为疫情年代的民生工程，堪称大时代来临前夜的转型实验。如果说 2020 年的福建罗源斌溪村在市场机制上创新了乡贤成长和人才在地化的平台，那么 2015 年的河南乡村，以它深耕于民间的华夏文化底蕴，感动了许许多多的人。

南街村独创的工资、福利三比七的分配制度让它成为最具有在地幸福感的中国乡村之一——工资不高，生活和教育等福利村里包圆了。这样的村庄，也成为年轻人愿意回归的地方。

辛集村作为典型的中原美丽乡村，空置民房多，通过乡镇引导，采取统一设计的楚文化民居风格来改造村庄。设计者是驻乡干部，设计是志愿的。村民对他的设计十分认可，就请他帮忙，有的加盖小楼做茶楼，有的出租做茶舍。村庄还给改造后的农舍门前挂上统一的二维码和改造前后的对比照片，乡政府公众号“美丽辛集”就这样推广开来。

郝堂村因为一条小溪和溪边的几棵百年杨树，受到画家们钟爱，于是北京“绿十字”与乡政府协作，帮助返乡的农民工改造旧房——“绿十字”画出农舍，农民自主出资，当地的工匠施工，乡财政给补贴，村合作社融资。地材地用的楚地建筑风格，加上门前生态回水循环绿植系统的设计，让原本不起眼的土房子亮了起来。“绿十字”投资改造的3号院“如莲茶馆”也成为郝堂村的文化地标，中外访客络绎不绝。

北徐村位于城郊，这样的地理位置，决定了它是城市的菜篮子，年轻人进城上班的不少。于是，村“两委”就当起了村庄的家长。它的村庄治理，沿袭了人民公社的诸多做法，村集体企业是村民集体的，村“两委”经营村企一样领工资，不搞特殊。村里的土地进行了统一的规划，生产区和生活区井然有序。村里的公共服务设施也由村集体财政置办。“北徐村温馨和谐家园”是村集体统一建的农民新村，建好后无偿分配给村民居住，离新村大楼不远处，另外盖了联栋的平房给老人们居住，房前有三分地可以种菜养花，这样的房子进进出出行走方便，晒晒太阳，浇花种菜，自给自足，怡然自得。留守的村民可以在本村就业，例如这里的垃圾运输车司机就是本村的村民，每个月大约领2000元的薪水，每天运两趟垃圾，村里每月还给他发购物券，在村口的购物中心买菜。据他介绍，本村的无公害蔬菜和猪肉，城里人都开车来买，去迟了就买不到了。

这几个村庄的吸引力，在于对在地独特性民宿风格的坚持和村庄文化地标的打造，以及对环境容量的把握，这是农庄可持续成长的关键。厚重的中华文化底蕴上的村集体的担当与使命，则令人肃然起敬。

第三节　中央一号文件与农庄经济

从中央一号文件的时间截面看，自2013年中央一号文件首次提出发展家庭农场，各地扶持政策纷纷出炉。2014年，中国人均国内生产总值达到7575美元，意味着中国社会的乡村休闲旅游市场已趋成熟。到2018年，中央一号文件提出发展乡村旅游，农庄经济随之进入公众视野。在中央一号文件的引领下，休闲文旅产业嵌入了农家乐、农民专业合作社等形式。“农企＋文旅”的跨界整合发展模式，作为中国特色农庄经济引领的乡村振兴、脱贫攻坚与城乡融合发展的中国范式的顶层创新实践，奠定了中国特色农庄经济划时代的历史意义。

一、中央一号文件的引领

2015年中国经济持续向好，对乡村生态和食品安全的关注，推动着农庄经济实践进入转型发展快车道，涌现出了诸如上海崇明岛这样的东部发达地区政府服务与规范下的市场化农庄经济模式，和中部地区诸如湖北荆州和河南南街村、郝堂村、辛集村、北徐村这样的集体农庄模式和乡村振兴探索实践。

接着，自2016年开始的中央一号文件，紧紧把握着乡村创新创业的节奏，引领着农庄经济的在地生长。2016年的中央一号文件，首次提出并强调促进农村一二三产业深度融合，明确指出要“积极培育家庭农场、专业大户、农民合作社、农业产业化龙头企业等新型农业经营主体”；2017年中央一号文件进一步提出要发展“田园综合体”，推广浙江经验，发展一批特色村镇；2018年的中央一号文件，基于全面乡村振兴愿景，提出“农业强，农村美，农民富”的乡建目标，“鼓励社会各界投身乡村建设”，并“允许符合要求的公职人员回乡任职”；2019年的中央一号文件在2016—2018年这3年乡村振兴实践的基础上，就关键环节和关键领域，提出了制度性、指导性和针对性极强的制度变革思路与创新方案，更加关注农民收益和乡村人才扶持制度，大力培植乡村精英。

因此，“十三五”期间的中央一号文件，在2014年8项任务统领下，有序探索中国社会全面小康的进程。

而2013年之前的中央一号文件则连续10年聚焦“三农”，粮食安全、农业科技创新、农村金融、农村基本公共服务、农村基层组织建设等在一号文件推动下依次改进，农业机械化、水利化和信息化水平大幅提升，但农业面源污染问题也日益严峻。农药化肥滥用，农业社会化服务市场良莠不齐，“空心村”大量出现，农地大量抛荒。尤其在2007年“毒牛奶”事件引发的全面食品安全危机后，下乡种菜在中产阶层中流行开来，还一度在互联网的推波助澜下创新出了种种土地和农产品的众筹模式。

凡此种种，催生了一种中国社会的“乡愁”情怀，一些工商资本开始进入乡村租赁土地，其中相当一部分人怀着农业地产梦租下了土地，但是几年甚至十几年下来，草长起来了，地还是那块地，租金就这样打了水漂，才幡然醒悟土地不会平白无故下金蛋。热热闹闹开始却草草了事的原因在于对农业这个与在地水土、气候、种养文化、物种乃至文脉息息相关的产业认知不足，以为靠资本投入就可以盈利，这种工业化思维的误区，于农业农村可持续发展有害，也不利于项目自身的成长。

也有一些真金白银投资了农业和文旅项目，但是项目思路不明晰，加之政策不稳定，以及主营业务缠身无法专注于农庄项目，于是几千万甚至上亿元人民币投进去了，运营却跟不上，以致进退维谷。这是“十二五”期间工商资本下乡普遍面临的窘况。而那些极少数真心蛰伏在乡村埋头苦干巧干的，就是本书要讲述的故事主人公和他们的农庄故事。

2014年元旦过后，新华社发布《关于全面深化农村改革加快推进农业现代化的若干意见》，锁定全面振兴农业农村的8项领域——完善国家粮食安全保障体系、强化农业支持保护制度、建立农业可持续发展长效机制、深化农村土地制度改革、构建新型农业经营体系、加快农村金融制度创新、健全城乡发展一体化体制机制、改善乡村治理机制。作为对前10年实践的总结，8项领域指出了“十三五”规划中农业农村的发展方向。此时，工商资本大军继续着乡村投资，那些没有做好打农业经营持久战准备的，自然免不了一路的丢盔弃甲……

当时间走到2015年，“家庭农场”被诸多工商资本演绎出“农庄会所”。这种与农民争地争利的投资模式，显然有违中央一号文件的初衷，也成了腐败滋生的温床。这是摸着石头过河的代价，但是中央一号文件历年的战略思路及逻辑脉络是很清晰的，是奔着全面建设小康社会的目标去的！

这一年，农业部、国家发改委、财政部、银监会发布《关于扎实推进国家现代农业示范区改革与建设率先实现农业现代化的指导意见》，提出到2020年“农作物耕种收综合机械化水平平均达到80%左右，多种形式的适度规模经营比重平均超过60%”的目标。同时，农业部定义了“适度规模”经营的“度”的标准是：“土地经营规模相当于当地户均承包地面积10至15倍、务农收入相当于当地二、三产业务工收入”，以敲打基层乡村盲目圈地之风。①

于是，在2015年，农庄经济快速生长，尤其是那些坚持了5年存活下来的农庄项目，迎来了政策支持的黄金时期，诸如大棚补贴、农机补贴等政策资金和土地政策逐渐开明，农庄经营者作为农业劳动者也被赋予了空前的荣誉与使命感。经过之后几年阳光灿烂的岁月，他们更懂得了坚持，也懂得了回馈社会，正如“养蜂大王”聂书宁所说，不再为了养蜂而养蜂，要带动创业青年一起成长。

因此我们看到，在“十三五”时期，2016—2017年的中央一号文件始终秉持兼顾生态和效益的原则，“绿色发展”的主旋律拉动科技创新驱动、产业融合、供给侧结构改革和城乡一体化的发展；2018—2019年则基于“全面小康”的目标，聚焦“精准扶贫补短板”，推动乡村社会全面振兴。同时，中央一号文件对于乡村振兴的主体性的认知更加清晰，在鼓励工商资本下乡的同时，基于社会发展和人民获得感“不充分不平衡”的问题，开始聚焦农庄经济的产业带动性和广大农民的参与性。

2015—2017年，民宿经济、乡村旅游遍地生长，同质化与无序竞争下，这些项目大多熬不过5年的成熟周期就夭折，或者勉强支撑着，而能够坚持5年并且成长起来的，都是从一开始就用心经营农业项目和

① 吴海波．四部门发文推进现代农业示范区建设［N］．经济参考报，2015-9-25.

乡村文脉，比如崇民岛上的三民文化村、福建罗源的竹海庄园、长乐市的茂丰农庄……2016—2017 年的中央一号文件提出发展“农业综合体”和“田园综合体”，完成了政策导向上由农业产业链向乡村社会全面发展目标的转型，科技与资本的合作，让农庄经济终于在实践领域开花结果，有了示范效应。这也印证了做农业一定需要政策支持的观点。市场和政策环境到位了，农庄产业才能有发展的空间。

2017 年，中央一号文件首次明确“田园综合体”概念，提出社会资本参与、创新商业模式、城乡元素结合、多方共建共赢的城乡一体化发展新路子，其愿景是在打造乡村绿色生产和农产品绿色供应链的同时，优化农产品的在地化品牌与品质，同时也为乡村产业在地化发展和 6 级产业化及“城乡互动相生型”中国范式的探索提供政策依据。

但在当时，资本的聚焦并没有与乡村振兴的目标相契合，农业地产的思维占着主导地位，以致许多规模上亿元的工商资本项目不能被乡村所接受，往往在最初的两年时间里就遭遇了发展的瓶颈。在不断的实践探索与求证中，发展集体经济的思路成为乡村发展的主流，集体农庄蓄势待发。为此，首先要做的就是恢复农业社会化服务体系，与此相配套的乡村人才工程和产业体系建设的思路也出来了。正如中央党校徐祥临教授所言“2017 年中央一号文件最大的亮点是提出了‘三位一体综合合作’”，他认为借鉴日本农协、台湾农会基于小农产业链的东亚模式经验，可以少走弯路。

扶贫攻坚是贯穿整个“十三五”时期的主旋律，也是突破全面进入小康社会最后瓶颈的必然要求。为此，2017 年的中央一号文件总结历年的扶贫经验，最终找到了走集体经济的出路。于是，集体农庄在政策助力下迅速成长起来。到了 2018 年这个实现农业农村小康目标的决胜之年，中央一号文件进一步明确了鼓励工商资本下乡的政策导向，意在推动农业现代化，发展现代农业。“鼓励和引导工商资本到农村发展适合企业化经营的现代种养业，向农业输入现代生产要素和经营模式”的政策导向为工商资本进入农庄产业提出了明确的嵌合路径。

2019 年，中央一号文件在提出解决“不充分不平衡”问题的前提下，着重强调了乡村振兴的公平性和公共服务问题，乡村文明新风尚的建立已经迫在眉睫，厕所革命由此诞生。同时，2019 年的中央一号文件首次明确提出“发展壮大乡村产业，拓宽农民增收渠道”“落实农业农村优先发展总方针”等乡村振兴方略，并强调“坚持和完善党对‘三农’工作的领导”。在这样的政策催动下，集体农庄结出硕果。

2019 年爆发的新冠肺炎疫情，给农庄经济带来短期冲击，但似乎也在孕育长期利好——农庄经济与数字经济的跨界期提前来到，线上化倒逼农庄经营去拥抱直播带货的网红时代，营销方式的变革日新月异，更加多元和生动。

在这样的形势下，2020 年初农村土地政策解绑了：“农业设施用地可以使用耕地”“制定农村集体经营性用地入市配套制度”等破局性政策的出台，无疑成为农庄经济发展的强心针。三权分置的农村土地新制度，保障了三方权益，尽管这时城郊和郊县的农民的土地基本上都被征收了，但偏远地区的乡村还是享受到了这一波土地政策的红利，而农庄经营者则可以规划下一个发展周期的农庄经济蓝图了。

同时，2020 年的中央一号文件对工商资本下乡赋能科技的使命给予厚望，农业的基础产业地位回归，以农庄经营为龙头的村集体经济的振兴赋予农庄经营全新的组织定位和在地融入的调整契机。

纵观 2014—2020 年农庄经济的发展，先是资本策动政策跟进，然后是双方博弈，也出现了一些纠偏的过程，比如 2019 年拆大棚。至于农村土地政策博奕的结果，是在 2020 年开始实施的新《土地管理法》中，首次明确农民离乡不离土的土地权益不变。

表 2　2014—2020 年与农庄经济相关的中央一号文件精神

年度	亮　点	大　事　记
2014 年	提出中国特色新型农业现代化目标，锁定全面振兴农业农村的 8 项领域	“家庭农场”如雨后春笋，浙江经验突出
2015 年	强调“美丽家园”，聚焦农村法治	农庄经济的元年
2016 年	培育新型职业农民和新型农业经营主体，提出农业供给侧改革	将职业农民培育纳入国家教育培训发展规划

续表

年度	亮　点	大　事　记
2017 年	提出农业供给侧改革：强调绿色发展和食品安全，“两山”理论正式体现在中央一号文件中。同时，确立农业多样性和在地化的发展方略，以破解农民增收难的瓶颈	提出以农民合作组织为主要载体发展田园综合体，建设电商产业园正式写入中央一号文件
2018 年	提出“乡村振兴”战略，多元化发展乡村经济，继续鼓励工商资本下乡	将发展“田园综合体”作为乡村新型产业发展的亮点措施和实现“乡村振兴”的重要手段和主平台，促进小农户和现代农业发展有机衔接
2019 年	实施数字乡村战略	新《土地管理法》颁布，启动家庭农场培育计划和厕所革命
2020 年	全面奔小康和绿色发展，鼓励工商资本下乡投资农业科技，“集体经济”成为解决乡村致富问题的重要抓手	“国家数字乡村”首次提上日程，推动发展文旅小镇和在地特色农业全产业链及农业产业化联合体等

2020 年的农庄经济，迎来了浴火重生的一年，产业转型、重构、跨界、优质化、多元化、线上化、泛在化……绿色发展全面推进，农庄经济也迎来了政策上的诸多利好——“支持各地聚焦优势特色主导品种，打造在地特色农业全产业链……推介一批乡村休闲旅游精品景点线路”“支持村集体经济组织开展农业生产性服务，搭建区域性农业社会化服务综合平台”“支持农民合作社、家庭农场建设一批田头仓储保鲜、分拣包装、产后初加工等设施，提升农产品产地商品化处理能力”。对于农业产业化联合体的指导意见，也细化到支持农业经营主体以基地共建、资源共享的方式建立利益联结机制。

“农业＋文旅”的农庄经济将循着传统文脉的复苏节奏，探索最在地最原真的独特性，从而也让中华大地上的传统文化焕发生机，在地自豪感和民族文化自信会很自然地渗透在农庄经济的桩桩件件之中，直至乡村文脉成为中国乡村宝贵的精神文化财富与创意灵感，成为品牌价值再造之源泉。于是，《全国乡村产业发展规划（2020—2025 年）》（农产发［2020］4 号）恰逢其时地提出了全面乡村振兴的基础工程——传承乡村文脉——提出要“挖掘一批以手工制作为主，技艺精湛、工艺独特的瓦匠、篾匠、铜匠、铁匠、剪纸工、陶艺师、面点师等能工巧匠，创响一批‘珍稀牌’‘工艺牌’‘文化牌’的乡土品牌”。

于是，我们看到“农业＋文旅”项目的迅速响应。共享合作社、众创星空间、项目孵化器、企业加速器、农业科技园、田园综合体等不断出现。

综上所述，经过政策试水和农庄经济的在地成长，2020 年的中央一号文件处处彰显着胸有成竹和落地有声，《全国乡村产业发展规划（2020—2025 年）》更是提出坚持“绿色引领”、践行“两山”理论、培育绿色优质品牌的乡村产业发展目标，进一步明确要集聚发展乡村特色全产业链，“形成‘一村一品’的微型经济圈、农业产业强镇小型经济圈、现代农业产业园众型经济圈、优势特色产业集聚大型经济圈，构建乡村产业圈状发展格局”，农庄经济体系多元主体的“圈”层格局就此尘埃落定。

二、中国农庄经济东西南北中的在地生长

读懂了中央一号文件之后，转型发展的中国特色农庄经济接下来将经历多元、跨界、品质的精进，借力绿色发展和数字经济的翅膀，穿梭于在地化与全球化之间，开启一个价值不断裂变和创意层出不穷的新就业时代。

就中国农庄经济的发展现状而言，在地化的农庄经济产业龙头作为乡村永续发展和农村经济永续成长的首要因素，与规模的关联度不大，基于在地化的项目特色与壁垒进行打造，才是王道。我们看到，那些专注在地文脉和地理标志农产品经营的农庄通常都是适度规模的，但是它在带动农庄经济三次产业融合方面却有着独特的在地优势，也鲜明地展现出中国特色农庄经济的运营特质，从而成为集体农庄和田园

综合体的成长基础。因此，在地化对于农庄经济永续发展有着决定性的作用。

在中央一号文件引领下，中国特色农庄经济成长的路径和模式与众不同。它是基于文化生态学视野，以在地化的农业多样性经由智慧农业和数字经济的加成并跨界整合的中国模式，其间不乏颠覆性的创新思维与商业模式。无论是工商资本项目还是草根项目，其间闪耀的在地智慧与跨界思维，无不是在汲取传统文化精髓的基础上，以全然开放的视界去拥抱日新月异的科技和世界。

2020 年，中国旅游协会休闲农业与乡村旅游分会发起全国 30 家醉美休闲农庄推介评选活动，经过甄别，我在参评的 85 家中选出 61 家典型农庄案例进行分析（表 3）。其中，上文提及的海南省的共享农庄有 2 家入围，崇明岛上的假日岛农庄和前卫民宿村也在其中。参选项目来自华东、华南、华中、华北、东北和西南，因此，样本有一定的代表性。此外，参评的项目没有来自西部地区如新疆维吾尔自治区和西藏自治区的，可能是这些地方本来旅游经济就发达的缘故。因此，畜牧业发达的西北地区大多还是以原汁原味的第一产业为主，即便像“解忧公主”薰衣草农庄这样全产业链的项目，也正面临文旅融合的战略定位的全新挑战。

表 3 用“带动性”作为农庄的分类标准，将农庄经济分为 A 田园综合体带动型（细分出 A1 农业公园、A2 特色农业产业示范园）、B 在地特色农业产业链带动型、C 类家庭农场和研学基地带动型、D 文脉文创及康养主题带动型（细分出 D1 生态康养项目、D2 书院、D3 乡村在地文脉、D4 乡创和慢生活）、E 民宿和农家乐带动型。同时，这样的分类法也是基于将农庄经济系统中的优质项目认定为区域产业极核或区域地标性项目的考量，将项目对于乡村就业和乡村 6 级产业化的带动性作为首要的认定标准，以便突出将解决“三农”问题作为农庄经济的使命和目标的价值判断。

通过对 61 个项目的分析，我们发现，政策驱动、区位效应和消费偏好对于农庄经济的发展具有正向的影响性。

政策驱动的典型经验在崇明岛和海南省比较突出。崇明岛在乡村土地政策开放性方面的先行先试，是其吸引工商资本项目落地生长的一个很重要的因素。海南全省 61 家共享农庄得益于政策的引导和支持，很好地发挥了得天独厚的在地文旅资源和农业产业基础的优势。

区位效应对于农庄经济布局的影响也是显而易见的。参评的大型项目不少是集聚在北上广深这四个中心城市的周边省市。例如：崇明岛无疑就是一个典型的借势上海人口优势与潜在消费市场发展起来的农庄聚落；山西的田园综合体项目也迎合了北京市庞大的周末和假日休闲市场，审时度势而先行发展。

说到消费偏好，湖南省民间的周末休闲传统——老百姓喜欢闲时去乡间打打牌吃吃小菜，助力了农庄经济发展。家常化的消费有着普遍的大市场，使得这个国内生产总值并不是很高的省份却有着类似“小确幸”的幸福感经营的传统。并且，湖南省的多数农庄项目都在都市圈一小时车程的范围内，很方便对接消费市场。

再从投票情况分析，A1 农业公园比较受欢迎，这与中国的消费者对于农庄体验多元化的消费偏好有关。而 D4 乡创与慢生活农庄项目，经过 10 年的酝酿，虽然已经开始有了理念的铺垫，但是那一类简单的“小确幸”的休闲方式，在中国大陆还不是主流，仅被一些白领阶层所接受。

由此我们看到，中国的农庄经济在飞速发展，尽管人文建设的步伐没有很好地跟上去，消费教育的水平也还落后，但是中国的数字农庄、康养农庄这些与现代化、与互联网、与智能化相联系的农庄概念，确实已经快速地在模块上推展了。尽管现如今，中国农庄经济似乎还没有完全摆脱概念经济的影子，但是那些返乡创业的新村民、新农人以及乡村致富带头人等乡村精英们的成长，也让我们看到了实实在在的农业产业的落地、生根与生长。可以断言，在地生长的中国农庄经济的种子，在“十三五”期间已经长出了幼苗。

同时，高科技示范教育和研学体验已经成为一种农庄经营的共识。优质农庄、民宿、农家乐、农业龙头企业等农庄经济的大大小小的主体作为农业推广创新与官产学合作载体的功能被唤醒，并且产生了很好的经济效益。工商资本下乡在中央一号文件的号召下依旧势如破竹，农业合作社带动型的农庄经济正升级为村集体带动型农庄经济，于是，乡村在一个更高的集体合作的层面上，开始描绘更有盈利性、更有带动性、更有参与感的乡村振兴蓝图。B类和E类的参评项目中不乏这样的农庄项目。

追本溯源，农庄经济如何成为解决“三农”问题、稳定农村发展进而实现城乡融合小康目标的政策承载体和市场化实践者，正是本书要探讨的问题。然而，对这次参评项目的统计显示：对于农庄经济的认识，业界乃至学界还存在一定误区，比如说将一些乡村会所、乡村公园等完全没有实质性农业产业基础和产业带动性的乡村项目称为农庄，以致削弱了农庄经济的农业基础性与社会责任。在优质农庄的参评项目中，这种农庄占了近30%，如果考虑到未参评的数量庞大的普通农庄，则各界对于农庄经济的认知确实堪忧。在对于农庄经营体进行界定的去伪存真的过程中，确保农庄经济不偏离乡村振兴的发展轨道，并摆脱不必要的负荷轻装上阵，是各级政府制定政策必须考量的重点。

此外，在评选中得票数与盈利性是否成正比是一个有待讨论的话题。以日本、中国台湾地区为代表的东亚地区的慢生活、“小确幸”的乡村体验与热闹非凡的高收益展会交织构建出的点线面跨界运作范式，以及乡村6级产业化发展方向，对中国产生了较大的影响。由此，表3在一定程度上印证了一个观点：工商资本下乡对于农庄经济的负面影响，在于过度地追求盈利模式，以致对于消费者教育和乡村永续发展的理念的执行有所偏差，而更加草根乡土味的家庭农场很受大众市场青睐。因此，这几年发展起来的村集体带动的整村开发模式是中国农庄经济的重要实践方向，它因为源自乡村内部的文脉基因而有着发展的强大动力和原发的生命力。

表 3　2020 年中国农庄经济典型案例及其模式

类别		农庄名称	区位	投资额（人民币）	经营规模	定位与项目特色	带动性
A田园综合体带动型	1A农业公园	七彩南山	东北地区—辽宁省大连市	—	6.79平方公里	亿元村	2019 年全村社会总收入 20.5 亿元、村集体经济收入 1550 万元，整村带动
		佳农探趣休闲生态园	华东地区—江苏省常州市	—	892 亩	“生态、体验、科普、自然”理念；开心农场、仙踪狩猎场、佳佳渔塘、佳佳牧场、稻香渔塘等	示范带动
		相府庄园	华中地区—山西省阳城县	3.8 亿元	1072 亩	六馆六园一区	地标项目
		石泉海田园艺术庄园	华中地区—山西省长治市	计划投资 15 亿元	1500 亩	“农业发展与科学、艺术相结合，农村文明与人文、文化相融合”建设理念；葫芦主题生态公园	“公司＋合作社＋农户”带动 300 多人发展无公害农业
		华辰农耕园	华中地区—山西省太原市	2 亿元	1000 亩	农业高科技示范园＋文旅体验	带动就业 300 多人
		倒盏林	华中地区—河南省洛阳市	—	6000 亩	主打精致农业；荒山沟开发	安置 1000 多人就业，带动农户 230 户
		原乡小镇	华东地区—浙江省湖州市	30 亿元	1480 亩	“身在都市、梦回原乡”；千亩梅花谷、蝴蝶科普馆	地标项目
		假日绿岛	华北地区—河北省张家口市	10.02 亿元	3000 亩	以探索发现为主题的农业文旅“发现小镇”	市级农业产业化重点龙头企业，产业扶贫项目

续表

类别		农庄名称	区位	投资额（人民币）	经营规模	定位与项目特色	带动性
A田园综合体带动型	1A农业公园	名峰山庄	东北地区—吉林省桦甸市	前期投入8000万元改造荒山	26万平方米	陆续建成名峰郎泉水自酿酒坊、笨榨豆油厂、大米深加工车间、东北土特产大全平价超市等。始于1996年	地标项目，带动区域经济发展
		丰乐农庄	华中地区—河南省郑州市	—	2800亩	以种植30多种世界名特优葵花为主题的现代农业示范园	“公司＋基地＋农户”标准化产业链
	2A特色农业产业示范园	第五季龙水凤巷	华北地区—北京市通州区	7.46亿元	1100亩	“生态自然、乡趣、野趣、城市反差”；台湾热带水果园五行生态循环农业	示范带动
		丰收大地	华东地区—江苏省盐城市	—	50万亩，核心区2万亩	现代农业产业链示范园区	龙头带动
		太湖雪蚕桑文化园	华东地区—江苏省苏州市关江区	—	2000亩优质桑园	三产融合；位于省级湿地公园内	示范带动
		水稻国家公园	华南地区—海南省海口市	—	—	“海棠稻香共享农庄”；特色小镇核心项目；国家农村创新创业园区	示范带动
		梦幻香山芳香文化园	华南地区—海南省海口市	—	1000亩	“芳香养生全体验共享农庄”	地标项目
		幸福吕港	华东地区—上海市金山区	—	—	“生态吕港、蟠桃之乡”；水果主题公园	带动老街区复兴

续表

类别	农庄名称	区位	投资额（人民币）	经营规模	定位与项目特色	带动性
B在地特色农业产业链带动型	绿源生态农庄	华中地区—山西省清徐县	—	—	葡萄主产区；始于2008年；闲置沼泽荒地开发的北方水果天然博览园	带动就业
	沃田蓝莓庄园	华东地区—江苏省连云港市	—	—	标准化绿色蓝莓产业；庄园化基地生产模式；注重社会责任	每年提供长期工作岗位700多个，临时性岗位峰值达3000个
	荔香现代农业庄园	华南地区—广西壮族自治区灵山县	—	已建成3000亩，拟建3万亩	地理标志产品“灵山荔枝”；桂味荔枝无公害溯源基地	龙头带动
	长白明珠	东北地区—吉林市抚松县	—	1.2万公顷亚洲最大红松母树林	“药食同源”产销一体；红松之乡	企业龙头带动
	上海宏泰园蔬果专业合作社	华东地区—上海市青浦区	注册资本5.6209亿元	400亩	全国葡萄之乡	带动百家农业企业和农家乐
	梦润源	西南地区—贵州省遵义市	—	—	国家级鹌鹑标准化养殖示范区以及30多项发明专利；农家乐、合作社、农企的生态全产业链与高端休闲康养跨界合作的经验模式	整村带动，“公司＋标准基地带农户”；7个农民专业合作社和1个农民工返乡下乡创业园
	联怡枇杷乐园	华东地区—上海市青浦区	1.6亿元	—	“坚持以农业种植为基础”；村集体经济；“上海公益基地”；始于2009年	308个就业岗位，带动区域经济产值6.8亿元

续表

类别	农庄名称	区位	投资额（人民币）	经营规模	定位与项目特色	带动性
B在地特色农业产业链带动型	新牛（酒庄）庄园	西北地区—宁夏回族自治区银川市	1.2亿元	600亩	“绿色、健康、人文”；始于2012年	葡萄深加工产业带动观光农业和区域生态旅游发展
	寻梦缘·梦水乡	华东地区—上海市青浦区	8000万元	400亩	苗木香草种植产业	整村带动
C家庭农场和研学基地带动型	芳心园	华东地区—上海市金山区	—	295亩	淡水鱼养殖工程；蟠桃试验基地	猕猴桃种植专业合作社
	假日岛农庄	华东地区—上海市崇明区	—	1000亩	始于2008年；“冬季草莓节”	部级“上海家扶家果蔬专业合作社”
	黄河逸园	华中地区—河南省郑州市	—	320亩	河南省水产研究院第8代黄河鲤鱼种子库繁育基地	示范带动
	荷风嬉鱼度假村	华东地区—上海市金山区	2100万元	550亩	2012上海市标准化水产养殖示范基地	示范带动
	恒丰休闲农庄	华东地区—福建省晋江市	—	—	“天然、有机、绿色、服务、进取”的生态农庄；“八卦农趣园”	地标项目
	意禾田生态家庭农场	东北地区—吉林省吉林市昌邑区	—	10万平方米	蒙古族风情；产品可溯源	区域带动

续表

类别		农庄名称	区位	投资额（人民币）	经营规模	定位与项目特色	带动性
D文脉文创及康养主题带动型	1D生态康养项目	欢乐谷农庄	华中地区—江西省会昌县	—	800亩	天地水生四景，康养主题；有机油茶基地	产业扶贫项目，就业农民2161人
		四清湖山水农庄	华中地区—湖南省郴州市	—	4200亩	集生态、农业、康养于一体的生态休闲农庄；始于2012年	下辖3个专业合作社
		杏林大观园	西南地区—云南省石林彝族自治县	—	—	“展示、普及中医药文化”	—
	2D书院	书院人家	华东地区—上海市浦东新区	—	—	始于2006年	带动周边农户发展
	3D乡村在地文脉	黄桥小南湖	华东地区—江苏省泰兴市	—	3600亩	文化古村；全国“一村一品”示范村	“公司＋农户”带动
		爱新觉罗皇家博物馆	东北地区—辽宁省法库县	—	—	4项非遗和长达1公里的地下酒窖	地标项目
		千稼集景区	华中地区—河南省新郑市	—	—	以“中原文化历史民俗体验地”为使命；荒山沟改造的乡村文创项目	村“两委”策划，整村带动
		圣山阿里郎民俗文化体验园	东北地区—吉林省白山市	—	—	朝鲜族酿酒文化产业	—
		廊下生态园	华东地区—上海市金山区	—	500亩	“姚家廊下”文化及水上集市	带动在地民俗产业与特色小吃发展
		云岭山庄	东北地区—吉林省柳河县	—	—	古时“皇家围场、封禁重地”	—
		双水湾大雁文化园	华中地区—湖南省衡阳市	—	—	在地文化图腾；“一个文化，两个产业”	—

续表

类别		农庄名称	区位	投资额（人民币）	经营规模	定位与项目特色	带动性
D文脉文创及康养主题带动型	4D乡创和慢生活	盘龙山庄	西北地区—宁夏回族自治区隆德县	2360万元	300亩	“西部百合爱情谷”；始于2016年	依托山河花卉苗木专业合作社
		林乡四季庄园	华中地区—山西省临汾市	—	320亩	“深呼吸、慢生活、享田园、明心智”；始于2016年	—
		香海琴枫浪漫景区	华东地区—江苏省丹阳市	—	3000亩	齐梁故里浪漫主题特色生态小镇；薰衣草花海	—
		嘉园度假山庄	华中地区—湖南省浏阳市	3000万元	360亩	“原生态、自然美、生态养生”；客家特色餐饮	—
		花开海上生态园	华东地区—上海市金山区	—		赏花主题公园，户外露营、采摘	—
		西来农庄	华东地区—上海市崇明区	2300万元	200亩	“玫瑰长廊”创意；始于2005年	—
		长白山历史文化园	东北地区—吉林省延边朝鲜族自治州	11亿元	300多公顷	四园一区；始于2006年	—
		防川民俗村	东北地区—吉林省珲春市	—	—	2014“中国少数民族特色村寨”；“东方第一林”	—
		青天寨生态农庄	华中地区—湖南省望城县	1800万元	300亩	“长沙童谣”文创主题	带动新农人返乡创业
		漕海农创空间	华东地区—上海市金山区	—	—	依托水库“河中有岛、岛中有湖”，始于2009年	带动水产养殖和水稻种植

续表

类别	农庄名称	区位	投资额（人民币）	经营规模	定位与项目特色	带动性
E民宿和农家乐带动型	海边渔家	东北地区—辽宁省东港市	5000万元	3.5万平方米	渔家饮食文化；始于2010年	区域带动
	松右生态园	华中地区—江西省吉水县	—	—	“莲虾共作”养殖基地，以开发和传承绿色生态美食为主	区域带动
	前卫1966	华东地区—上海市崇明区	—	—	农场风情	提升带动知青主题的民宿村
	康家坪民宿	华中地区—山西省乡宁县	—	—	高标准民宿＋当地古法膳食养生文化	村“两委”带动整村开发
	汤山七坊农家乐专业合作社	华东地区—江苏省南京市	4000万元	—	以7个当地传统手工作坊为核心，招牌为豆腐作坊	整村开发
	华宝部落农庄	华东地区—浙江省泰顺县	—	550亩	水果种植产业配套民宿和农家乐	华宝农业专业合作社带动
	桐溪山庄	华中地区—湖南省常德市	—	1383亩茶园	茶园领种模式；“碧桥春”茶商标	带动茶农基地1.5万亩
	海峡人家休闲农庄	华东地区—福建省晋江市	—	—	闽台合作项目；水产养殖示范户龙头；始于1993年	—
	铜岭农庄	华中地区—江西省瑞昌市	—	—	“绿色、休闲、参与、体验”立体生态庄园；农业产业化示范基地	—

资料来源：（1）2020年中国旅游协会休闲农业与乡村旅游分会主办：全国30家醉美休闲农庄推介评选活动．“农旅服务平台”微信公众号，2020。

（2）作者整理。

第三章 | 农庄经济发展的中国道路

改革开放后，中国乡村出现了大量的空壳村，土地抛荒严重，一轮又一轮的工商资本下乡，推动着中国农庄经济野蛮生长。直至“十三五”时期中央一号文件的相继出台，才引导着中国农庄经济渐入佳境，但存在的问题依然严峻。中国农庄经济的在地生长才刚刚起步，在地生长的极核圈层——农业在地产业链的生长，依附于创业人才、资金、技术和在地农产品全产业链的集成。

首先，人才稀缺是农庄经济面临的最核心也是最软肋的问题，尤其是在地管理与技术人才稀缺。究其原因，城乡差异是最根本的因素。具体则表现在就业环境不理想所导致的高学历人才难招难留，新农人下乡面临下班生活相对比较单一的问题，频繁往返城乡之间也会增加生活成本，年轻人成立家庭以后要面对子女教育和承担家庭义务等实际问题。尽管如此，在中央一号文件的扶持引导下，那些成功下乡经营农庄的工商精英大都实现了个人的成长，他们通常拥有多重社会身份，社会责任感强，对土地极为热爱。这些“新村民”以及那些土生土长的农村创富带头人，成为乡村振兴最宝贵的在地人才资源。他们的带动力与感召力，正在凝聚起一批批的新农人。同时，“十三五”时期，乡村精英牵头的在地农业产业和农民合作组织，以及各类非政府组织，已经在中国乡村点燃了燎原之火。新农人返乡创业也成为“十三五”期间一道靓丽的风景线，逐渐形成的在地人才自然流动格局，将推动“十四五”农庄经济的发展向结构与范式更加成熟的中国道路进发。

其次，需要正视工商资本项目的在地化定位与在地化融入问题。目前，农庄经营的创业成本相对较高，政策扶持和政策宣导力度不足。调查显示，工商资本下乡后在村民认同与支持方面普遍面临困扰，项目发展的各个阶段也存在着不同程度的资金瓶颈和基础设施投入与维护的资金压力，乡村创业的配套设施亦未完善。同时，农庄经济的价值定位和目标愿景之间的耦合也有待梳理与提升。尤其是对于工商资本进入农业一二三产业以及作为农业第一产业经营主体的农民合作组织进入二、三产业的融合互动机制的建立，还有待探索。如何稳固农业作为第一产业在农庄经济中的基础地位，并以此提升村集体与农民合作组织的主体地位？在中国，这是一个还在实践探索的课题。为此，2020 年的中央一号文件明确了工商资本支持农业科技推广的功能与定位，农业产业在农庄经济发展中的基础地位第一次被明确地强调了。在实践中，在地化的博弈选项，仍然需要在地化的智慧去化解。

再次，农业科技作为第一生产力，缺位现象较为普遍。农业推广体系的公共服务职能被弱化，农业技术获取成本高，获取渠道不畅，并存在针对职业农民培训的管理实操和技术传播方面的教育团队的专业性不足等问题。中国农村基层的农业社会化服务体系近 10 年走上了市场化道路，其导致的不规范和野蛮生长有目共睹，走私转基因种子猖獗、农用化肥不按照规范施用、假种子假化肥等农资供应问题也层出不穷。就以农产品滞销为例，市场失灵了吗？问题远没有这么简单——诚信基石的重建应是中国农庄经济完善市场机制的首要环节。农药化肥经年累月的滥用造成土地肥力下降甚至板结毒化，加上新品种新技术的研发推广滞后或与产业脱节致使品种老化，于是大量的非优质农产品就这样滞销了。再往深层次看，未来的乡村永续和农庄经营，拼的是在地特色和在地品牌！那么，在地品牌如何走向世界？如何借助区块链平台建立食品安全和产业信用方面的约束机理以反制劣质农产品的漫延？如何引导和扶持农庄作为消费教育的主体去推进生成更加丰满的社会责任感和在地存在感？

最后，中国农庄经济的在地生长也受益于海峡两岸的交流与互动。

随着海峡两岸经济发展差距的缩小，社会文化、乡村文脉也在悄悄地趋同。近10年间，中国大陆巨大的市场机会吸引着台湾的乡建精英团队和精英人才携带资本、技术、理念和管理方式等进入中国乡村第一线。两岸融合的农庄经济要素资源在这股力量的助推下，一边推动着乡村文脉的复苏，一边在加速融入中国农庄经济的产业链，时不时闪烁出两岸智慧与人文碰撞的火花。

实践表明，中国特色的农庄经济形态，或是农庄聚落的集成，或是没有围墙的村庄，它既灵活运用了现代科技和农业技术，又传承着传统的农作制度与乡村文脉。它可以是引领乡村振兴的数字农庄和康养农庄，也可以是追求天人合一的集体农庄抑或家庭农场。这些大大小小的农庄项目，正在集聚成为中国特色的乡村振兴蓝图里的星星之火。

在2015年这个堪称中国农庄经济发展的元年，工商资本下乡和知识青年返乡创业，成为那个时代最具情怀的乡村故事和创业记忆。而在工商资本丢盔弃甲的过程之中，有那么一些开拓者坚持了下来，迎来了成长期。这样的草根奋斗生涯，记录下来的是一种源自开拓者自发的选择。这种坚韧的选择，也推动了执政者的认知进步与智慧成长。

时间走到2020年，乡村土地确权法规性文件新《中华人民共和国土地管理法》的出台，实实在在维护了农民的土地权益，将工商资本下乡的地产炒作潮流导入农业技术投资、乡村教育、业态创新等价值创造的正轨。然而，当集体农庄和田园综合体按下农庄经济与乡土情怀的启动键，却遭遇了史无前例的新冠肺炎疫情，也正是在疫情面前，那些坚守在农业第一线的农庄项目，第一次了悟出回归第一产业稳健经营的意涵。

第一节　工商资本下乡与新村民的在地化

中国农庄经济与农业产业一样是离不开政策支持的国民经济基础产业。市场和政策措施到位了，才能有发展的空间。2015—2017年，中国农庄经济从孵化期迅速进入生长期。随着 2016 年和 2017 年的中央一号文件先后提出建设农业综合体和田园综合体，中国农庄经济完成了政策指导上由农业产业链向乡村社会全面发展目标转型的华丽蜕变，成为乡村振兴的支柱产业。而工商资本下乡所推动的科技与资本的融合，更加肯定了农庄经济体系作为农业新技术应用承载体和数字经济应用平台的示范效应。

最早期下乡的工商资本，有权贵资本、投机资本，也有为数不多的资本带着“农业情怀”进入农业领域。最糟的是那些钻政策空子，打着现代农业和有机农业旗号，行农业地产和资本运作之实的伪农业，它们不顾及乡村生态与乡村产业，还大量占用国家补助，成为乡村可持续发展的“毒瘤”。还有一些工商资本对在地乡村文脉、农业经营和农业投资周期缺乏足够了解，贸然进入而陷入困境。而像褚时健那样 10 年扎根乡村种橙子的，就走上了农庄经济的康庄大道。

历数 20 多年来成长起来的在地农庄，北京郊区的“蟹岛农庄”应是当之无愧的第一个吃螃蟹的农庄“前辈”。20 多年的发展历程，有过辉煌，有过彷徨，历经商业模式的变迁和消费潮流的更迭，这个皇城根下一开始就标榜并实践着生态、节能、绿色的农庄，如今也在义无反顾地拥抱互联网的曙光。

那么，2015 年的蟹岛，都经历了什么，又在思考什么呢？

案 例

都市农庄——行在城市化的边缘

2015 是开放型经济体制下服务经济的元年，也是乡村发展与农庄经济的元年。对于农庄经营，文化创意与高新技术的嵌入只是手段，乡村元素及其在地化的主题定位打造的生态与经营的和谐，才是农庄持续成长的内核。也就是说，以个性化的在地资源创造出在地农产品以及在地产业链，直至形成休闲综合体，在这个过程中，对于在地特质的个性化内核的把握与坚持，是十分关键的。2015年，我走进位于北京市朝阳区的北京蟹岛绿色生态农庄有限公司，探寻它21年经营的波澜起伏。

莲池边的蟹图腾，位于蟹岛农庄的中心垂钓区，见证了蟹岛的由来。看到蟹岛礁石背景里高耸云天的铁家伙了吗？它曾经遍布整个区域，但现在机场都用了雷达，它也就退伍了。如今，剩下没有拆除的一些，还依旧耸立在蟹岛的星空下，见证曾经的荒芜。

这里，曾经是机场附近的荒地。蟹岛的创始人，也是现在唯一的掌门人付秀平，凭着一腔热忱，租下了这块荒地，毅然决定打造首个水电自循环农业生态园区，做了农庄经济第一个吃螃蟹的人。设施成本不到5年就全部回收。

掰指头算算，称付总是中国工商企业下乡第一人，应该不为过。蟹岛，就是为敢于创业的人准备的。

生态并节能着的绿色蟹岛

多年来，蟹岛创造性地建了一座村庄，还幸运地保护着一个野鸭天堂。在5月的蟹岛，您可以信步走在桑树下，伸手摘一颗紫黑的桑葚。放进嘴里，果实的香味瞬间就溢满了口腔。在长满芦苇的人造湿地，你或许还可以寻到野鸭子蛋。河岸边，总有三三两两的人在钓鱼。这是北京最好的季节，天空也蔚蓝纯净得让人忘记了雾霾。

蟹岛农庄一直跟踪并致力于水电成本最小化的运营科技与管理，农庄的农耕用水都来自自循环的净化水系。水循环系统和燃气冷热电三联供，是蟹岛人最引以为傲的地方。

从果蔬温室大棚的保温砖，到建筑设施的空气对流热循环系统，蟹岛的环保节能理念无处不在。厚厚的节能砖墙代替了暖气管道。过冬的时候，再给大棚顶上穿上棉袄，瓜瓜菜菜就可以平安生长了。

办公大楼底下有着十几米深的蓄水池，空气从通风口流入，经过地下水面再进入大楼，可以零成本调节大楼内的温度，冬暖而夏凉。

另外，蟹岛农庄的豆腐坊每天都会做新鲜的豆腐，剩下来的豆渣用来喂牲口。压榨茶油剩下的饼渣则用来肥田，将瓜瓜果果滋养得水嫩甘甜。农庄将每一样东西用到极致，毫不浪费。此外，坚持采用生物除虫，减少甚至杜绝农药的使用。对于生态农业的前景，蟹岛人的眼界一向不含糊。

蟹岛的村庄

在废与立之间，只要养护好内核，创新与创意总能找对发力点。在蟹岛，这个内核就是村庄文化。

“门前桃花红，门后桑树绿。院里葡萄藤，石榴倚墙开。”这样的中原乡村风景图，是蟹岛农庄的真实写照。路边的桑树桃树结了果，任其生长掉落，经过的人可以顺手摘一颗，随着性子吃。如此的淳朴与自在，透露着经营者的用心良苦。

蟹岛农庄的办公场所，也算富丽堂皇。落地的灯笼，高高的石阶，两进院落。广场是旧时议事集会的地方，广场上的古铜钟，就是集合的号令。2015 年的蟹岛啤酒节，就是在这个广场拉开序幕的。当然，豆腐坊、酒坊，也是村庄不能缺少的。

入住蟹岛农庄小院，你可以自己生火做饭了。院子里的老物件，似曾相识吗？墙角那个木桩做的存钱罐，是木匠家才有的，十分古朴。

【点评】

查一查学术文献，会惊讶地发现关于蟹岛的污水回流处理系统的学术论文还真的不少。在那个“科学技术就是第一生产力”的年代，蟹岛很敏锐地在科学的春天里赚了一桶金。生态节能的往昔记忆也记录下农庄最辉煌的时期，20 多年前就有这样前卫的思维与眼界，若非天子脚下，哪能这般淡定！

蟹岛似乎总想着推陈出新，它也有过太过市场化和多元化以致偏离主轴的时候，但是企业家的学习精神和自省勇气是难能可贵的。更多的独立思考，更多的自力更生，使得蟹岛得以持续成长。如今，让蟹岛人骄傲的污水回流处理系统，还在灌溉农庄大片的田园，它所带来的节能减排的经济和社会效应，支撑起了第一产业的发展。而那一片老北京韵味的民宿聚落，是永远都不会过时的硬资产，因为其间也装满了村庄记忆……

2021 年 7 月，同样是骄阳如火的午后，我重新回到蟹岛。经过 7 年的蜕变，蟹岛的当家人付秀平很明智地做出决策，回归田园的蟹岛不但成为垂钓者的天堂，还开设了各种游乐项目，成为周末亲子游的乐园。蟹岛走出低谷，找到了属于自己的很乡村、很艺术的定位，重新成为京郊的打卡地。

黄昏时分，我来到了蟹岛的采摘园。这个季节正是采摘桃子的时候，西瓜、甜瓜和西红柿也都热热闹闹地生长着。依旧是熟悉的日光温室，种桃子的是一对中年夫妻，一副新农人的派头，懂经营、会管理。种出来的桃子甜甜的，和采摘园主人的笑脸一样。采摘园的灌溉水依然是蟹岛农庄的生态循环水，摘下来的桃子、甜瓜和黄瓜用水洗洗带皮就吃下去，这种鲜脆和水嫩在市场上很难体验到。我想，这个离北京首都机场只有半个小时车程的农庄，也很适合那些中转过夜的乘客。想一想，一个鲜花盛开的地方，一个可以在田田的荷花池里钓螃蟹的乐园，一个以乡村为主题的艺术岛，一个每日用鲜美的瓜果等候您的农庄，它在不远处殷切地期盼着您的到来，那还有什么可以犹豫的呢？

作为没有围墙的农庄，在蟹岛的发展过程中，在地认同与在地融入的困扰始终挥之不去。而对于新村民而言，在地化的真谛，就是在地的融入与蛰伏。阿强嫂、徐建明、方茂、许国发，这些住进乡村投身农庄经济的新村民，深知其中的滋味。他们的故事，容我娓娓道来。

链 接

深山里飘出的苹菊香

福建茶都安溪县，不仅茶香驰名，还有“天然药库”之称。“山中无闲草，遍地皆灵药。”安溪蓬莱镇是清水祖师修行地，清水岩周边遍布上百种药材。2011年，福建农林大学吴德峰教授在蓬莱镇开展药用植物资源调查时，发现几株野生小黄菊——花大、色深、味甜、耐泡，经过品种鉴定确认为新品种，于是带回实验室培育，命名为“萃菊”。

2011年，泉州人徐建明自上海返乡创业，在蓬莱镇山路都还没有修好的深山里开始了健康与梦想的修行——建立农林大学实习与示范基地，主打萃菊，注册“中萃农业”，规划“百草园”，还引进金线莲、灵芝、麦冬、鱼腥草、玫瑰茄、绞股蓝、沙参、百合等几十种名贵中草药。

中萃农业先进行林下生态示范种植，2万多株萃菊就是在垦荒的林地里培育出来的。采摘后，优等品以炭火烘烤。对品质的坚持，获得了大型医药企业的认可。稳定了销路后，“百草园”开始带动周边村民种植中草药。

一朵小小的萃菊，身价却要超过10元人民币，稳定的高端消费人群是对品质最好的认可。没有抖音，不需要网红和直播，只需要扎扎实实把林下种植管理好，依靠科技的力量，“百草园”里这朵小小的萃菊花，在蓬莱仙境中长成，虽在深山，香飘万里。

如今，林下生态种植在安溪已经不再是新鲜事，茶园的改造也推广运用了林下种植技术。生态、无毒的农作理念，经由一个个农庄的实践，在小城里蔚然成风……

透过萃菊的清香，我们看到工商资本下乡，也怀揣着一颗钟爱农业的心。经营保洁公司的方茂，也是这样一个执着于土地的人。他看中的是福建省福州市长乐区一个叫猴屿乡象屿村的滨海村庄，这里98%的居民是美国公民。村里的土地荒废着，村庄的美丽依旧着。这里的农庄，宛如二八少女发稍的茉莉花，很清新，很田园，不为城市化熏染。于是，这里有了海外游子留守的乡愁。这样的在地侨乡文脉，让方茂产生了在此经营农庄的冲动。这个冲动的代价，就是十年如一日的坚守，在田地里的摸爬滚打。

链 接

在地农业，和乡村一起守望乡愁

第一次谈到在地化，是2012年我和练老师一起做台湾农会的调研之时。尤其在台湾南部，我深切感受到在地化的情怀。那时候，练老师开着车和我讨论："在地化，是一个敏感的提法。""怎么会呢？我觉得很好呀。"尽管访谈有时几乎是痛苦而艰难地开始的，坚持着、礼貌着，慢慢地，从一问一答变成一种思考和交流，拒之千里的礼貌慢慢化开了。在台湾，我看到了农会干部对于乡土的发自内心的热爱，对于在地农产品的珍惜，和对于在地农产品产业链的用心经营。在台湾，在地农产品几乎都是有限的量产，品质是经营者排在第一位的追求。秉持在地特色为先、生态为重的理念，量力而产，打造出一个个响亮的在地化品牌，也带动了周末自驾前往体验的大众消费市场，伴手礼和民宿产业也随着供不应求的在地特色农产品红火起来。而玉井杧果那样因杧果种植开发出来的"冰馆"业在台湾就成功拓展了连锁直营店。这就是在地化的魅力，围绕在地农产品这个核心竞争力，产业链向加工饮食业、民宿服务业、节庆会展业等领域不断创新和拓展，品牌影响力随之扩大，实现了永续经营。在台湾，在地化策略成就了乡村的再造和产业链的成长。

在福建，在地农产品要丰富得多，如天宝的香蕉、龙海的紫杨梅、岵山的荔枝、莆田的白核龙眼……更不用说各种茶了，但仔细想想，能坚持在地风味，做出在地品牌与在地产业链的，又有几个呢？所以，我很赞赏台湾乡村对于在地化的那份执着与经营。

"在地化"必然立足于本乡本土的资源特质去开发农业，不论是返乡的创业者还是外来的工商资本，只要它融合了乡村的文脉和资源，并且带动了乡村的就业和乡村社会、文化、科技、经济的发展，它就是在地产业。

因此，工商资本下乡要想成功，并且可持续发展，在地化是很重要的功课。基于以上的认识，在地化有两个内涵，一是融入，二是带动。可见，基于在地化理念投入乡村开发的工商资本，若能在与乡村文脉的互动之中推进在地农业的经营策略，收获的一定是企业的成长和乡村的进步，这是共赢的选择。

尽管当前，工商资本下乡各怀梦想，各有打算，我还是在其中找到了一棵茁壮成长的小苗——茂丰农业。在福建长乐这个美丽的滨海侨乡，它安静地成长，“低调做农人，高调做示范”，终于，在现代观光农业的发展机遇与农业合作组织的政策滋养下，如春笋破土而出，谱写了一个务实、精进的新农人的创业故事。

第一次到鑫茂丰家庭农场，是带孩子们去体验乡村、采摘圣女果。那是一个冬日暖阳微微笑的日子，十几个品种的圣女果，有红色的、橙色的、绿色的，大点的、迷你的，慵懒地挂在枝头，正是采摘的好时节呢。

走进大棚，看到不少被折断的挂满了果子的枝条被抛弃在田地里，孩子们心疼地捡起来一些，让我很欣慰。同时也想，是时候推广采摘教育的规范了，尽管这是一个创造了最高峰亩产值 8 万元收益奇迹的果园！这些采下即食并散发着大地芬芳的无公害小果子，带给人们品尝美食的欣喜和亲手采摘的快乐，我们当更加珍惜这样的美味，更加尊重生产了如此美味的劳动者。文明采摘，是对劳动的敬畏。采摘教育，不仅规范了采摘的行为，还传播了农庄文化，也重塑了乡村文脉。

最初，鑫茂丰家庭农场的采摘是以圣女果为主的，因为圣女果采摘一年四季都可以有。后来还种了 15 亩草莓，因为草莓也是很适合采摘的。2015 年，几个大棚里新种下了 2 亩丝瓜和 8 亩火龙果。这样，茂丰农庄的圣女果不再寂寞了。

除了采摘体验，茂丰的农机在地化服务也做得风生水起。它的在地带动性也就这样实实在在地呈现出来。

2010 年，茂丰农民专业合作社成立，2011—2015 年 4 年间投入

500多万元购置各式现代化农机设备，开展农作物病虫害统防统治的农机社会化服务，以承包的方式服务周围乡村近2万亩蔬菜种植大棚。先是引进烟雾机喷施农药，一亩用水从三十几升降到2升，让这个用工荒形势严峻的侨乡的农业用工成本和用水成本大大降低。

茂丰推广的精准化大棚蔬菜病虫害统防统治技术，使农残降低了，产品品相更好了，而且产品采摘周期还延长了，产量和售价也都提高了，这样的高效服务模式一经示范，农户就认可了。尤其大棚黄瓜实行病虫害精准化防治后，采摘期从2个月延长到3个月，亩产增加1500～2500公斤，品相好了，产品也卖了高价格。在地产业、在地带动、在地服务的多元战略，交织出一幅现代农业产业的新画卷，也让新农人的风采鲜活起来。

2012年，茂丰农民合作社获得农业部授予的“全国农作物病虫害专业化统防统治百强服务组织”称号。2013年，茂丰农民合作社做出了两个重大的决定。一是争取到福建省唯一一家水稻工厂化育秧技术推广试点合作社项目，投入110多万元建起一座玻璃房，配套炼苗房、机库房、水稻烘干房等设施，为长乐种粮户提供一季的水稻育秧服务。二是率先在长乐市引进农用无人直升机，开展施肥、播种、辅助授粉等农机服务。到2015年，茂丰购进无人机近30台，各类农机达到158台，有25名专业农机手，日服务能力在万亩以上，茂丰的农机服务队已经走出长乐，在全省的广阔天地大展身手了。

从2007年开始到2015年，整整9年的辛勤与开拓，茂丰农庄奠定了生产、市场、农机服务、科学育秧、农田采摘的农业产业基石，用公司反哺农民专业合作社的形式，坚持了下来。收益、投入、再收益、再投入……从缺少政策的冬天走进政策扶持的春天，从粗放经营走向高科技的现代农业，至此，茂丰农民专业合作社俨然成为新农业新技术的示范者与科学农作的推广者，奠定了在农业技术推广领域的领军地位。茂丰农庄自身不断壮大的同时，还带动了乡村农业产业结构的升级和农庄收益的持续提高。

【点评】

依托全产业链的龙头效应，茂丰休闲农庄的发展日新月异。

自2011年茂丰农民专业合作社成立之后，由于主业定位一直坚持围绕农业生产和植保服务做大做强，茂丰农民专业合作社很快就形成了规模化的产业效应，以“公司＋合作社＋基地＋市场”的创新模式带动了3520亩的绿色农产品基地产业链，并能够有效推行全产业链的安全标准。

2015年，总面积320亩实行溯源管理和物联网技术的茂丰休闲农庄投资2500万元，进一步打造品牌形象。茂丰没有辜负大家的期许，休闲农庄因为乡村生态和经营效益好，加上始终如一的安全品质，吸引来各级领导和广大市民。

2016年，合作社注册了鑫茂丰商标，成为品牌化的农产品生产大户。2018年，基地的水稻、番茄、普通白菜获得农产品绿色认证。2020年，生产水稻1400多吨、蔬菜8000多吨，年产值2800多万元，员工138人，俨然就是农业产业化龙头，还带动当地农户做特色农产品伴手礼，开办民宿、农家乐等。

而茂丰的理事长方茂，也荣获了2017年全国农业劳动模范和2018年福州市闽都英才的殊荣。新冠肺炎疫情期间，方茂依然砥砺前行，他的“茂丰研学基地”加盟中国教育培训行业最具影响力的品牌——瀚海文化，建立鲸舟冰壶学院福州分院，在项目调整中优化农庄的游学体系与教育功能。所谓精进，在方茂看来，就是不断开阔视野，与时俱进，一腔热忱爱党爱国，并将政治智慧与农庄经营紧紧结合！如今，农庄研学之风已经吹遍了中华大地，几乎成为田园综合体的标配。用心的农庄经营者，总能为你开启不一样的研学体验之旅！

方茂还立足长乐区猴屿侨乡资源优势，筹划着打造闽江口平原特色高优果蔬全产业链。抖音、美图、微信图文……估计很快会看到农庄直播秀了。这些新媒体的生龙活虎的运用，就像茂丰休闲农庄里的小火车，带着大家看花开日落，告诉我们生活依旧美好如初，农庄的美食——海鲜和绿色食品，同样不可辜负。

第二节　知识精英返乡创业

中国农业的黄金十年，让人欢欣鼓舞。但是，财富不会从天上掉下来，宏观战略布局的落地，在很大程度上需要依靠民间智慧。“大众创业、万众创新”的推行，不是冷兵器时代前仆后继的冲锋，而是需要探索有效的路径支持来构建通向明天的康庄大道。以“中国农民工返乡创业第一人”——贵州梦润源创始人、大坎村第一书记张明富为代表的乡村精英群体在“十三五”时期迅速成长起来。在我的农庄朋友圈，方茂、聂书宁、王国文、阿强嫂、徐建明这些在“十三五”成长起来的农庄精英，都是紧紧跟着政策走的幸运儿——在农庄经营的中国道路上，对乡村建设精英人才的引导和激励，是各级政府农业农村工作的重点。也正因为如此，这些农庄经营的星星之火才得以保存、得以燎原。

循着乡村实践者的足迹，跟随中央一号文件的节拍，我们继续去感受中华大地上农庄经济的脉动吧！

这一次，我们来到大青山下——一片孕育出丰产的种子的沃土！用“知识改变农业”的知识精英返乡创业的故事，就发生在这里。

链　接

农庄规模经营的康庄大道

在去呼和浩特之前，我对于北方的农业完全是无知的。2015 年秋天，我从北京坐了一夜的火车到达呼和浩特东站，整夜未眠后走出车厢。猛然，一股凉凉的气息从鼻尖涌入。在尽情呼吸了良久之后，我终于想到了一个自以为很贴切的字来形容塞外初秋这美妙的空气——“沁”！

接下来，大青山南麓肥沃的土壤和厚厚土墙垒砌的日光温室，让我看到了农产品产业链的盈利可能性，一种很纯粹的农业产业链经营的模式。中国北方农庄的经营，就在一瞥之间，以它的磅礴气势、它的规模收益，让我对于之前自信满满的创客经济引领的“东亚模式”的局限性有了客观的反思。

2012年，为了解决青城冬春蔬菜紧缺的问题，建设日光温室蔬菜生产基地的扶持政策出台了。整体思路是，将农民的土地集中租赁给农民专业合作社、村集体经济组织、企业和种植大户建设日光温室，再以反租倒包的形式把日光温室租给农民，常年生产无公害有机蔬菜。承租方则主要负责提供种苗、农资、田间管理指导和农产品检测及运销服务，种植环节的收益按合约分成。

在政策鼓励下，原本是青年教师的王国文下海了，他组建了呼和浩特新集贤种植专业合作社，占地700亩，建设204栋厚墙体日光温室；呼和浩特市泰德种养殖专业合作社，占地700亩，建设181栋厚墙体日光温室；呼和浩特市农道种养殖专业合作社，占地200亩，建设100栋厚墙体日光温室。

短短1年左右，建成485栋日光温室。种植基地建起来了，产业链的服务和经营就要跟上。于是，2013年，王国文先后注册了内蒙古保利农牧业有限责任公司和呼和浩特中垦生产资料有限责任公司，还配了六七个农业技术员，从蔬菜种子、农用膜、肥料等农资经营到田间管理的技术指导，形成一条龙的服务体系。他聘用员工时，会优先考虑应届毕业生和下岗职工，前后陆续解决了当地100多名剩余农村劳动力就业问题，成为政府重点扶持的乡村青年创富带头人。政府的支持重点放在农产品检测设备上，这些设备都免费发放给合作社，而王国文要做的，就是用这些仪器抽样检测农产品，保证蔬菜的安全供应。

在政府菜篮子工程订单之外，王国文的市场开拓和订单农业也做了起来。他另外成立了两个合作组织，完全采用市场化运作，这对于投身农业的创业新人而言着实不容易。其中一个是内蒙古乾坤泰种植合作社，现在已经有五六个农户加入；另外一个是呼和浩特市锦鸿种养殖专业合作社，有30多个农户加入，养了200多头猪，王国文负责组织委托屠宰和销售。这两个合作社的成立，是王国文基于自己在农产品运销和农业社会化服务方面的优势，进行的市场化拓展，以多元化经营和规模化发展来增加收益、降低风险。

与此同时，合作社与社区超市对接，与市民互动，有了良好的开端，也让王国文做蔬菜产业的信心增加了不少。但采摘人潮可能会带来病虫害加剧的困扰，这让王国文对于开放采摘的热情不高。用他的话说，比如圣女果，按正常的田间管理，获得一年亩产几万元的收益不难，甚至不输给南方的采摘亩产收益，再加上规模种植的优势，只要对接好市场，盈利还是蛮可观，真的不用去折腾休闲采摘了。就如同技术的投入，如果从成本收益和生态影响来考察，不能优于传统农业，那么就是伪技术。采摘如果不能达到预期收益，那么就要调整经营模式，这就是在地化的最优选择。此时此刻，是否能够把握好在地化特征并遵循成本效益导向，考验着创业者的创业素质，也是决定他们能否成为 5 年后活下来的那些 7%的创业成功族的关键。

对于中国这样一个拥有 960 万平方公里土地的国家来说，农业的多样性与地域差异是客观存在的。由农业资源禀赋决定的农业产业形态和收益模式，也就大相径庭。中国南方经营成功的农庄，几乎最终都走上了文创与价值链延展的经验道路，追随所谓的“东亚范式”。“东亚范式”最明显的特征有两个：第一，是因人多地少的小规模经营的农业边际收益和对于更高收益预期的追求而引发的对于价值链的拓展，以求得更大限度获得有限规模下的边际效益。第二，是基于区域经济发展达到一定水平后生态休闲旅游市场的日渐繁荣，这要求农庄业者探索各自的独特的经营模式，以便在竞争激烈的乡村旅游市场中脱颖而出。这样的区域市场，就我个人的观察，即便是在中国的一线城市和一些准一线城市，也才刚刚兴起。在山多地少的福建省，能把乡村旅游做得风生水起的，也就是厦门地区了。至于山美水美的三明、南平地区，经济相对落后，在高铁开通后，终于迎来一日游区域市场的大扩容，但高铁对于时间空间格局的改变，也让出行走得更远、选择变得更多。

在不断的思考和辛苦的奔波之后，王国文似乎开始把住了市场的脉搏，他的农产品开始销往北京、天津和更远的地方。互联网时代，知识化为财富，也需要勇气和智慧，走得更远些，想得更多些。

当今的世界，食品安全问题也已然全球化，乡土的食品不一定是安全食品。于是，我想到在台湾农会农产品运销业务发展的黄金年代，农产品经由农会或者合作组织检验、集货、分级，统一运送到批发市场拍卖，市场对于产品检验不合格的农会进行处罚，于是同一批的农产品都连带退出市场。所以，农会会认真指导农户做好田间管理，也会配备检测仪，进入农贸市场的农产品一定是检验合格的。但是，近几年，台湾也有学者开始呼吁消费者直接向农户购买农产品，绕过了农会和批发市场的环节，一向让大陆学者称道的台湾农业和农产品的组织化和规范化管理，就松懈了。难怪像练老师这样长期深耕台湾农渔会的学者痛心陈辞："新媒体兴起后，台湾成天有人喊着'直接跟农夫买'，甚至有少数人批评'农产运销'，全台到处充斥着小农市集、农夫市集、农学市集、有机农夫市集、绿色小农市集、简单市集等，鼓励大家向农民直接购买，对吗？好像对，支持农民，鼓励农民友善农地？希望有识之士思考一下！"对于6级产业化发展的基础，练老师也道出了真知灼见："农业本来就是扎实、定根的工作。农民所企求的是：不求短期的蓬勃，但求长久的农村稳定。也唯有如此才能提振农民的务农意愿，其他都是空谈！"

所以说，对于农庄经济的成长，第一产业的发展是基础。规模化农庄经济对于农产品价格合理回归的社会责任，是一种伴随农庄成长的必然使命。我们看到，作为农村创富带头人的知识精英，怀着朴实的理想坚持着坚守着，做最好的农产品；我们看到，越来越多的农庄打出"有机""绿色""安全"的品牌。市场化的农庄经营者也许没有意识到，他们的探索和努力，将是农产品安全问题的决定环节。激烈的市场竞争环境和日渐增强的安全食品消费趋势，加上日益壮大的中产阶级对于安全农产品的庞大需求，三方面力量的推动，以及较大的盈利回报，在一定程度上唤醒了行业对于农产品监管的市场自觉，于是，一个安全食品的时代，似乎透出了曙光。保利的案例，也有力支持了农产品监管市场决定论的观点，同时，也展现出市场化监管的效能往往在于优先选择了成本最少、最简单直接却有效的路径——终端监管。相对于食品药品监督管理局提出的事中监管的行政思维，终端监管的严格执行要省事很多，也能调动产业链各个环节的信用自觉。毕竟，市场为王，谁也不会和自己的收益过不去。

其实，理念对了，方法对了，效果就出来了。如果可以期待经由农庄的经营承诺食品安全和品质，则可以重建农产品安全消费的信心，于农庄的可持续经营，也是有益的。当我们在慢生活中去反思内心的浮躁，并质询农产品质量与农产品价格的非理性本质的时候，一场农产品质量监管和市场价格机制的革新，已经呈现山雨欲来之势。为此，“市场为王”的经济政策导向，需要更多市场化的农庄规模经营和返乡精英的辛勤付出——在市场中推动安全食品的生产和农产品价格机制的理性回归。

【点评】

2015 年的保利农牧业有限责任公司让我钦佩的是对于安全食品及农业产业生态的良心坚守，2019 年再次见到王国文的时候，他已经是赛罕区政协委员了。王国文和保利的成长折射出知识精英返乡创业的光影，也折射出中国农庄经济随着中央一号文件舞动发展的潮流趋势。

相较于 2019 年深思熟虑的返乡创业格局，2012 年还是一个工商资本下乡丢盔弃甲的蛮荒时代，资本投入普遍缺乏对项目经营持续性与盈利性的理性度量，在摸着石头过河的艰难中，有一些创业者踏踏实实从田野里面走了出来。面对瞬息万变的信息与商业模式，面对技术创新的变革，个人成长伴随着再创业，他们成为这个时代当之无愧的弄潮儿。而 2019 年，王国文的故事，聚焦到了“返乡创业”这个时代话题上。

从工商资本下乡到日渐增多的青年返乡下乡从事农村电商、休闲农业、乡村康养等农庄项目，沉寂的乡村似乎重新焕发生机活力。在一番资本的冲锋陷阵和乡愁情怀的冲动之后，更多人陷入了进退维谷的尴尬，而少数成功者，以更加审慎与精准的谋划，小心翼翼地开启跨界的模式。对于他们来说，这又是一次创业的征程。其中的一些已经完成农产品产业链布局的农企，或许会在乡村留下来，继续探寻城乡之间的市场机会和产业机遇。但扎根乡村，绝对不应该是农企天生的使命。使命感是赢家的奖章，践行乡村振兴的使命需要政府、乡村和乡村企业共同来担当。好的政策平台是润滑剂，能够赋予返乡创业的知识精英们更好的执行力与盈利性预期。况且，在创业政策不持续、不稳定和经济走低与结构调整的时代背景下，欠缺专业的投资和现代企业管理经验的创业者们，实际上是开始了又一轮挣扎求存的创业之旅。幸运的话，他们会进入结构调整的优势产业，找到政策和市场的契合点，并且积累下快速适应经济发展与结构转型的经验。如若不够幸运，他们也会冲进转型中的泡沫产业，被时代的大潮淹没。

2019 年，我看到中国南方返乡创业的项目已经充分融合了城乡的资金、人才、渠道等资源，乡村创业团队的股权建构、经营架构和盈利点论证，都做足了法律与财务以及流量的考虑，并且能够优选乡村创业的平台来最大化享受生态与政策红利，这种创新创业的气象着实让人耳目一新。而在北方，“青年创富带头人”这样的荣誉所加持的政策倾斜与政府关注，也让南方返乡青年艳羡不已。

投资农业产业和乡村服务业的知识精英，大多会在城市和乡村之间来回奔波，因此，从地理空间考察返乡创业优选区，你会很快发现离城市一个半小时车程的乡村是最受欢迎的。而成功的乡村创业者，也大多会在创业 5 年后开始思考多元化的经营拓展乃至跨界投资，探索并创新城乡融合的商业模式。这其中，能够坚持做深做透农庄产业的创业者，不但有着真情怀，还有着企业家的眼界，支撑他们的除了笃定的信念，还必须有理性的盈利预期。

因此，知识精英返乡创业并不意味着他们会扎根乡村，他们或是看到了某个政策利好的发展机遇，或是将乡村创业作为回归城市的一段变奏。毕竟，城市和乡村在教育医疗等公共服务方面存在巨大差异，这种文明程度的悬殊，是大多数返乡的知识精英们最终选择把根留在城市的理由。何况农业企业的发展，普遍面临人力资源断层、技术支持系统崩裂和企业负债的问题。要活下去，产业必须脱胎换骨，用智能技术代替简单劳动，改变农业的粗糙形象，吸引更多的年轻人加入进来。但问题是，互联网与智能化的应用似乎距离企业降成本便利化的目标需求还有一段遥远的路，终端费用的居高不下，严重阻滞了现代农业向高科技产业的转型时间表。

2019 年，我注意到从福州到青城的机票便宜了一半，最快的航程只要 3 个半小时。2020 年，北京到青城的动车开通了，全程两个半小时。尽管空气中少了几年前的沁凉，我还是为这座城市感到高兴——交通成本的降低和交通干线的进步无疑让这座城市更加生机盎然，返乡精英们也将分享到区域社会经济发展的平台红利。2019 年，作为呼和浩特市青联委员、呼和浩特市工商联执委、赛罕区工商联副主席，王国文有了可以为中小企业发声的平台，而他自己，七年风雨兼程奋发向上，依然面临着一个又一个的困难与挑战。同时，这些身份似乎打通了他回城的路，抑或他能在乡村快速城镇化的未来，找到更加广阔的天地，在城市和乡村之间，驰骋新的梦想？

于是我们思考，乡村文明拿什么与城市文明媲美？宗族维系的亲情，传统教化留下的记忆，天人合一的乡村社区环境，吸引着走出去的人又回到这里，或是叶落归根终老于斯，或是来住上几天找一找走丢的初心……如何建立富有人情味与荣誉感的乡村社会与返乡知识精英的维系机制？相信中国乡村会给我们展现丰富多样的在地智慧，中国政府也会积极支持与服务好“乡贤”的在地化存在。乡村、乡贤、中华文脉，将踏上新的复兴与寻根之旅，中华民族生生不息。

在日渐凋敝的乡村守护村头的老槐树，是中华儿女基因最深处的牵绊，它历经岁月的更迭而不褪色。这些返乡精英血脉深处那份浓厚的原乡情，就是最好的表白。

在中国的南方，福建省永泰县爱家乡基金会有效对接了乡贤资金与青年创业。从一个小项目起步，优化城乡要素布局后，确保盈利性并推动项目向 6 级产业化发展，不断完善项目架构与盈利模式。距离福州市区 1 小时车程的永泰小村庄，田田的茉莉花，夏季清香扑鼻，周遭河流环绕，景色清朗。村庄引进了包括“菜篮公”在内的几个优良的农庄经济项目。作为农庄聚落的一分子，“菜篮公”定位引领现代理念与商业模式的康养文创项目，由乡贤成立基金会投资，交由知识青年运营。创业不到 2 年，就取得良好的盈利性和成长性。2019 年 9 月，“菜篮公”入围第六届福建文创奖。在慢生活和康养潮流下，养生长寿的义医“菜篮公”和温泉文化的在地禀赋，加上城乡一体化的团队格局，让我们对“菜篮公”团队的下一个创意有了期待。

永泰县长庆镇中洋村由贫困村变身特色产业村，是典型的乡贤带动的农庄经济 6 级产业化的经验模式。这一模式立足当地良好的生态资源优势，由乡贤牵头成立合作社，发展有机农产品和产品加工，试验的生态稻田产出的无公害优质稻米在永泰县农产品擂台赛上获得金奖和银奖，还开发了红皮小花生、永泰李干等地方特色农产品，通过实施品牌化战略，不断提高产品附加值。两岸花生采摘节更加强化了品牌效应，极大助力了脱贫。

在中国北方，海归硕士孔德元在秸秆里倒腾出千万商机。“牡丹江是生我养我的地方，我对这个地方非常有感情。”凭着对家乡朴素的情感，2013 年美国拉文大学工商管理硕士毕业后，孔德元选择回到家乡牡丹江创业。在这里，他发现了随处可见的秸秆里的商机。

2015 年，他带领团队成立秸秆收获、压捆、储运、加工利用示范基地，当年就完成秸秆收获 5000 吨，实现产值 130 万元。团队相继研发出 6 种收获秸秆机型，获得 30 多项国家发明专利，成功地从一个设备提供商发展成为秸秆收获及综合利用的全套解决方案提供商，2017 年销售收入 1600 万元。

伴随着兼具生态与效益的农庄经济项目脱颖而出，一批被称为“新村民”的农庄建设者成长起来。

链 接

“抖音”“社群”“乡建梦”

随着一代代乡村精英的成长，乡村振兴的政策有了更好的执行力。荣誉伴随着使命感，召唤着更多的年轻人回归乡村，将慢生活文化带到沉寂了许久的乡村社会。这一拨“上山下乡”运动，自发于网络社群的互动性，让一群一群志同道合的热爱乡野的年轻人走到了一起。

经过近30年持续迭代的乡村建设，乡村道路网和卫生环境整治的成效开始显现，一些年轻人或是住了下来，或是因着一个乡村项目而八方汇聚。对于他们而言，美丽的乡村是一片美好的创新创业的天地。他们或是“新村民”，或是网络大V，或是自由职业者，在成长为社群领袖的过程中，他们深入乡村，观察思考良久，期待与伯乐相遇，期待与村民共鸣，期待在一方乡土找到未来的天空。

许国发和他的慢生活抖音小伙伴的故事，已经小有知名度。继微信之后，短视频火了，青年艺术家兼艺术经纪人出身的许国发很敏锐地捕捉到了互联网强劲的风口。凭借9.7万粉丝的支持，他在抖音发布了一组短视频，记录了他的第一个乡村民宿改建项目——闽侯县小箬乡大坂艺术村“修旧如旧”的改造全过程。凭借艺术家独特的审美和艺术经纪人的商机视角，短视频引起了粉丝们的强烈共鸣。于是，一批批喜欢乡村慢生活的抖音小伙伴相约着聚集而来，和许国发一起规划乡村、认领农舍，每个人都发挥自己的专长，做着擅长的事情，过着喜欢的乡村慢生活。

许国发和他的抖音小伙伴，将各自的特长融合到乡建平台项目中，形成项目特色，吸引更多的抖音小伙伴加入，进而有了新的项目领域，这些新的项目再与在地文脉结合……如此这般，在地化元素不断拓展、创新、加强，项目团队也日臻成熟与完善。在这个过程中，有人离开了，有人带来了新的乡建项目的信息，于是，项目开始滚雪球般发展壮大。

2020 年初，福建省罗源县飞竹镇聘请许国发担任斌溪村省级乡村振兴试点村总策划，这也是他们这个 10 来人的抖音团队的第一个乡建慢生活项目。这个团队里有北京来的家政培训师赵红梅，她平日里照看书院，还“认养”了一座废弃村居，要改造成餐吧民宿；有从事中医药行业 20 多年的陈东栋，他也“认养”了一座古民居，改建为中医馆，搞“慢病管理”；还有四川来的做工程的“海哥”、广东来的打工仔刘海平、江苏来的自然疗愈“袁老师”和安徽的茶业电商小伙伴……这样一群平凡的乡建爱好者，因抖音而聚，因慢生活而来，因新媒体时代而不再平凡。2020 年 12 月，许国发发起的乡村振兴人才驿站列入福州市第一批 12 个人才驿站的名单。无悔的付出换来的认可，让许国发更加自信，让团队更具凝聚力。

互联网时代跨时空的社群性，自然创造出多样化的生活选择，知识青年的回归和在地化，会变得更加平常，甚至无处不在。

在先于大陆发展农庄经济的台湾省，文化反哺已然成为当下台湾乡村的发展新潮流，他们的乡土实验亦很精彩。在苗栗县三义乡广盛村，一群知名大学的研究生回乡开发有机生活农场种糙米，成为“都市新农夫”。而在广东省也有一位海归硕士放弃高薪回乡务农，先后租下 70 户村民的 200 亩撂荒地开办生态农场。他们同样开创了一种商业机制，在实践中推动土地价值的回归，同时践行了乡村守护与再造的社会责任。

台湾乡村的生态修复与产业重建是“自下而上”由返乡知识精英来推动的。正是知识精英返乡创业催生出“串联共享”的新型产业业态，打造出一个个乡村在地生态与产业价值链，对于濒危动植物及其栖地的复育也贡献良多。其间催生出的乡村旅游与乡村工业、农业、林业、渔业、文化产业等“串联共享”，推动了自然资源、人文资源与乡村产销链的有机互动，形成新的产业形态，成功提升了产品附加值和产业的辐射带动能力。

这种由民间发起，生态、产业、经济收益和适地适种相结合的新农业道路，得到了台湾官方的经费支持。一名返乡创业的台湾中山大学海洋研究所硕士创意出 1.5 公顷的金针花海，一年近 2 个月的花期里能带动观光和周边农产品销售收益 3100 万元新台币（约合人民币 666.7 万元①），在此基础上成立的日月潭农产运销合作社及其推出的“台湾农夫”合作社品牌，为最终打造秉承“盈利不分红，投入生态保育等社区营造事业”理念的日月潭永续生态农渔业教育园区奠定了乡村社区共识和产业基础。日月潭永续生态农渔业教育园区每年将合作社 60%的盈余投入当地的生态复育、乡村文化和环保等公益领域，将成功复育出的 40 万棵水社柳种植在日月潭的金针花田堤岸等处，濒危奇力鱼的繁殖模式和栖地复育工程也建立起来。这样，用 10 年时间修复并还原了乡村原有的生态景观图，带动的农产品产销以及民宿、休闲农庄、创意项目等的“串联”观光收益附加值，每年高达 1200 万元新台币（约合 258 万元人民币），远远超过传统农业收益。② 这种通过策略联盟确立乡村社区发展共同主题，继而推动专属产品和服务的模式，是台湾乡村农庄经济发展的典型经验。

由于重视乡村知识精英的回归创业，台湾的“有机农业”“无毒农业”“乡村社区营造”“乡村休闲产业综合体”“主题民宿”等农庄经济实践充满田园情趣和精致创意，营造出一种整洁井然的乡村生活气息，成功带动了乡村生态的修复保育和农庄经营的再造优化。

第三节　中国特色农庄经济的人文之美

习近平总书记说：“乡愁，就是你离开这个地方，会想念这个地方。”随着农庄经济的推进和乡建团队的成长，农庄经营的在地化定位在市场大潮中逐渐显现出各具特色的人文之美。

综观成长中的中国农庄经济，政府支持是农庄经营的必要基础，法

① 按当时汇率计算，下同。

② 陈统奎.“台湾农夫”再造乡村［N］. 21 世纪经济报道，2013-01-23.

治化是农庄经营的保障，在地化则是农庄经营的内核，之后才可以谈乡村文创。于“百姓富、生态美”的乡村再造，农庄经济以其龙头带动和规模效益，成为乡村文脉传承与复兴最有效的方式和路径。“十三五”期间对于农庄经济的跟踪调查显示，农庄文化定位、消费者教育与公民素质，是支撑农庄经营持续成长的首要且基础性的因素。农庄经营过程中的独特文化架构及消费文化养成体系，必须从采摘消费、体验教育做起，这样才能培养起农庄产品与农庄文化的忠诚粉丝。

因此，中国特色农庄经济的政策导向与扶持重点首先应遵循在地化的文脉复苏优先原则。在地文脉作为中华民族传统文化的根脉，是乡愁的文化基因，它注定不同于西方的农业与乡村文明，而有着鲜明的东方气质，并赋予在地产业以万古长青，这就是中国特色农庄经济的独到之处。谈到中国农庄经营的人文之美，也就是在歌颂这种东方气质。这种人文气质养成的农庄经营文化，是让人流连忘返的所在，是农庄经济永续成长的不竭动力与创意源泉。

海峡两岸的农庄经济都在探索将现代都市文化和艺术元素嵌入传统乡村文脉之中的乡村振兴道路，创造性地去传承和实践复活乡村传统的乡村意识，通过村民的参与让传统文脉得以传承和守护，进而带动农庄产业的增值与成长，让农庄经营既能与城市接轨，又能保有一份古旧的山水。类似“碧山共同体”这样的项目，激活了农村公共生活，还通过创新民艺发掘新的乡村生产力和就业机会，使得每年定期举办的“碧山丰年庆”获得地方政府的认同和支持——2012 年安徽省黄山市黟县国际摄影节被授权与“碧山丰年庆”同期举行，并由“碧山共同体”策划承办。但是，由于缺少有序的乡村再造规划和政府持续的支持机制，产业链发育不完善，以致项目的持续成长面临挑战。

海峡两岸的民宿，正是农庄经营与在地文脉的缩微。乡村不是城市公园，有灵魂的项目才能生长，才能开花结果。

一、台湾民宿与文创的生活美学

中国南部农庄经营的人文之美在宝岛台湾展现得淋漓尽致。无处不在的生活美学让台湾人最为骄傲，他们说“台湾最美的，是人心”。那么，台湾“最美的人心”是如何打造的呢？

成功的文化所塑造的生活价值与美学品位，会引起巨大的共鸣，这就是台湾生活美学的精要所在——一群精研农作、感恩自然的人，和他们周遭洋溢着的优雅、珍惜和感恩的情怀，在每一次的遇见里，在每一场地方节庆的每一个细节里，向你传达关于生活的美好的体认，让你明白这个地方，可以安放你的疲惫，可以释放你的喜悦。所谓“节庆之岛”，就在喧嚣的彼岸，让你感受到静静的喜悦和身心全然的放松。

当农庄业者和消费者达成这样的共识，共同经营“一种负责任的品质旅游”，共同维护山川土地、珍爱粮食，共同在发自内心的敬畏里走进大自然。那么，从这样的“小确幸”里弥漫出来的美好，不正是心灵的虔诚与宁静吗？

余秋雨说：“文化是一种习惯了的精神价值和生活方式，它的最终目标是集体人格。”如果在地产业是文化生根的土壤。那么，民宿就是文化留存与生长的地方。

台湾有关方面在支持民宿发展、支持乡村文创和发动村民参与上可谓不遗余力。经年累月的持续“在地化”运动，活化乡村文脉，振兴乡村产业。“爱台湾”或许就是这样无声无息地在民间落地生根了吧。同时，台湾有关方面在制定政策、资金支持、乡村基础设施投入、人力教育、市场宣导等方面的措施也很到位。对于乡村民宿，台湾方面、媒体和第三方机构的多元认证体系，一起推动合规经营。

2010 年 7 月，台湾有关方面出台《农村再生条例》，从产业、文化、生态与实质建设四个维度，编列了 10 年 1500 亿元新台币投入，引导乡村社区自治——从乡村培根训练着手，注重实效，根据乡村实际情况实行弹性上课制，92 小时的四阶段培训课程历时 1 年半至 2 年，经过不断检讨并整合不同意见与不同看法来跟进并完善教学与实施效果。这样的培根训练有效凝聚了乡村价值共识，有着良好的影响与带动效应。最重要的经验在于，台湾的培根团队是很在地化的，陪伴与坚守，才是培根团队最草根的性格。所以，这样的培根，是人和团体的深度参与，培根理念得以扎根。因此，大多数的乡村在实施社区营造和培根计划后，社区组织、乡村产业、文脉传承、生态人居环境得以再生与优化。其中，乡村民宿的发展也有了很好的文化氛围烘托。

台湾多数的农庄项目都是小小的，但却令人难忘，做得很用心，很文创。

台湾著名的三义木雕乡吸引人的不仅是木雕艺术，更有行走和骑行在乡间的惬意。每一个岔路口都很暖心地竖着风格迥异的指路牌，告诉路人前方几百米有一个采摘园，在前方右拐有一个“Y箱宝”工艺坊或者创意民宿，或者前方几千米有一个柴烧窑。牌子上的箭头很准确地指明路线，一路上是缓坡，不论步行还是骑行，都很适合。

信义乡梅子梦工厂，原本只是1990年由台湾有关方面授意农会设立的梅子加工厂。农会自营行销文创，以跨界多元经营的格局，将梅子节庆办得有声有色。从12月的寻梅节热闹到3月的采梅节，还引进纸箱王异业合作，连“妖怪村”、面包村也加入进来，媒体、影视、体育马拉松、玉山金控纪念酒开发定制、爱心义卖、明星进小学……一个梅子梦工厂带给乡村的视觉和文化冲击成就了品牌渗透力！

台湾农村社区培根计划做的最重要的事情就是将对于生活的热爱和“小确幸”的体认感渗透在农庄和民宿规划的每一个细节中，正如村民所说：“开始专家说一只青蛙能值100万，我不信，现在通过青蛙吸引游客，社区年收入达到2亿了，农村再生真的让我们抓到宝了，也让我重新思考了生活的意义和生命的价值。”①

“三茅屋”民宿主人廖先生被称为“青蛙之父”。他在自家民宿楼梯下的墙面画了一幅漂亮的青蛙栖居图——寓意这里也是青蛙的家园。晚上，他会带客人到池塘边观察青蛙，讲解青蛙的种类、习性、叫声，小朋友们于是就有了青蛙情结。我所访问的花莲小雨蛙生态农场也是同样有着淳朴的乡土气息和热烈的蛙鸣声的。

作为“贩卖台湾生活的品牌”，掌生谷粒的风格则是乡土味十足的

---

① 齐国. 台湾农村再生计划为什么能成功 [J]. 农村工作通讯，2015 (2)：47—49.

“不议价”，采购价格由生产者来决定。日子久了，自然与农户间有了亲密关系与共同体意识。

在掌生谷粒的主页上，他们写下了誓词——

这是以“誓做关键性的少数”而启程的“发现之旅”。我们要走访全台湾，找出天生的大地耕作者，还有与他们永远不会再相逢的经典农作，和懂得这种稀有珍贵风味的味蕾分享；更要将人们对食物的赞美与期待传递给天视、天听。

若我们要向一片土地发誓，那样的誓言，出发的起点，一定都是因为，爱。

“上邪，我欲与君相知，长命无绝衰。山无陵，江水为竭，冬雷震震夏雨雪，天地合，乃敢与君绝。”

当我们回头望时，一定要，看见初衷——

为台湾依旧美好的人事物，掌声鼓励。

因此，在地，即为台湾人生活风格的一部分。台湾民宿的主人善于运用传统的抑或时尚的元素和手作特色来发表自己的生活美学，在“社群”这个概念还不流行的时候，他们就懂得经营自己民宿独特的审美取向与主题偏好。台湾民宿还喜欢打亲情牌和创意牌，以“好东西要与好朋友分享”的理念来做经营。

下面介绍的花莲咖啡民宿的主人就是一个咖啡爱好者，夫妻俩满怀喜悦地在农庄里种下上千棵咖啡树，又在被咖啡树围绕的民宿里，静静泡上一杯咖啡，等候同样热爱咖啡的人的到来……

他们浓浓的乡村情结，他们躬耕劳作的身影，对咖啡文化深耕细作式的发掘，对自然赋予的所有生命的热爱，一定可以感动你。

链 接

平凡的日子　收获感恩和珍惜

从花莲东华大学退休后，夫妻俩选择返乡，在自家的土地上建起民宿，种下咖啡树。也许是他们对咖啡的热爱感动了山神吧，他们庄园里的咖啡豆结得特别好。豆子熟了，落在地里，又长出一茬一茬的小咖啡树，夫妻俩像爱护孩子一样，小心呵护着它们，走在院子里都小心留意，怕踩到了小苗。等小苗长壮实一点，可以移植了，他们就新垦了土地种起来。这样，不知不觉种下了几千棵，这里也就成了名副其实的咖啡庄园。

咖啡庄园门前有一个半亩见方的草坪，那是主人在荒地上一点一点整理出来的。庄园的院子里原来就生长着香蕉、芭乐和橘子树，又新种了诺丽果。当你和女主人在门前的长廊坐着烤咖啡豆的时候，男主人会带回刚刚采下的水果款待你，女主人则又开始向你娓娓道来咖啡栽培和采摘的知识，还有关于它的种种历史和故事。女主人如数家珍，其实是颇花费了一番苦心的——她从学校图书馆借来所有关于咖啡的书籍，认真地读，记在心里，再讲给客人听。经过她饱含热爱的讲解，你也品出了这一杯咖啡里虔诚的用心和刻苦快乐的劳作。自己动手，成就自己的元素，在挥洒汗水的过程中收获感恩和珍爱，这在台湾是很流行的风尚。

这座咖啡庄园，从民宿的风格到家具的制作，都是主人自己的创意。家具从造型到锁扣、拉手，每一处都是主人的匠心独运。台湾的学校有教授家具制作的课程，学上5个月，学费折合人民币大约是8000元。这样实用的手艺，在台湾很受欢迎。台湾人很乐于自己动手建设自己的家园，爱家、爱台湾的感情，或许就在这样的潜移默化中浓烈起来。

看女主人灵巧秀气的分拣咖啡豆的双手，你要赞叹，就是这双手，做出了一屋子的家具，从木到漆，和商场上售卖的一样精美。说到木料，主人告诉我是台风过后从花莲的海边捡回来的，据说海水浸蚀过的木材坚固并且不容易长虫子。第二天我到花莲的海滩，果然看到海边有大大小小的木头，从山上的森林里冲刷到海里，又被海浪打回岸边。

咖啡庄园的客人里有行家，也有像我这样只是对咖啡好奇的。客人来自世界各地，庄园主人拿出她的上好的咖啡请你品尝，带领你到边上的咖啡园，仔细教你如何识别成熟的咖啡豆，以及采摘咖啡豆的要领。我第一次采摘咖啡豆。女主人一再叮嘱红透的豆子才可以制作成咖啡。我认真看着女主人小心地用指腹夹住一颗红红的咖啡豆，把它从叶子旁边取出来。可真轮到我去采，一副毛手毛脚的样子，估计女主人在边上看着也十分心疼那颗小小的豆子。一棵咖啡树也就一人多高，能采的熟豆子也就三两颗。等我转了几圈把采好的十几颗豆子放在女主人面前，那真是羞愧极了——八成都不合格，没熟透。原来，采咖啡豆看似简单，却真的要静下心来，仔细甄别它的颜色，不可以操之过急的。

无疑，在这里，你品尝不到如猫屎咖啡那样如红酒般令人迷醉的滋味。但是，你能品尝到只属于森林的清新脱俗的口感，干干净净的味道，让整个人也跟着清爽起来。并且，在这里品咖啡，你完全不会有罪恶感。据说，世界上最好的咖啡，都是产自最贫困的地区，低廉的劳动成本和昂贵的价格之间的暴利，让人看到文明世界里资本的血腥。为此，一些人拒绝喝咖啡了。而在这个山风轻拂的庄园，一切都那么纯粹，空气里弥漫着咖啡的香气和泥土的芬芳。如果你有时间就住下来，体验咖啡豆采摘、分拣、晾干、烘烤、磨制、冲泡的整个过程。然后在阳光和煦的午后，慢慢啜饮一杯自制的咖啡，是神仙也会羡慕的。

细心的庄园女主人会记住你喜欢的口感，在你想念这里的庄园和咖啡的时候，她会用心地替你采摘，按照你喜欢的口感去烘焙，然后包装得美美地给你寄过来，还附上一句“有空再来”……这样的庄园，是值得你来了再来的地方。相互的惦记，让回到都市的你，心头暖暖的。

这就是台湾的特色农庄，它只属于懂得她的人。阳光、空气、水、草地、咖啡林……没有柏油马路，甚至没有路灯，这里有的是田园，而不是景观。人和自然的和谐，或许是资本的信徒永远看不懂的真理。而这种和谐是无价的宝藏，它让万物在其中世世代代幸福地延绵下去，让我们懂得了感恩和珍惜，收获着平凡和祝福。

【点评】

台湾乡村建设者很善于立足在地乡村资源和自己的特长与爱好，去

设计和演绎乡村生活美学，用心去服务每一个到访乡村的人。民宿的主人，会热情介绍她自己做的家具细节，展示亲手编织的手工灯罩和帘子，让你和她一起去感受着爱生活的心情。咖啡民宿的主人会讲着咖啡的故事，传授采摘咖啡豆的技巧，并与客人一道烘焙咖啡豆，一道品鉴咖啡的本味，甚至会帮客人找房子、找工作、分享经营理念故事和专业知识。这样的农庄生活美学，传达的是一种美好的生活态度，让在台湾乡间的行走成了一场心灵之旅，这正是台湾乡村农庄与民宿真正吸引人的地方。

台湾有一座很有名气的教学农场，创始人亚曼在印度学习了秀明自然农法、BD生物动力农法和诸多农业改良场课程后，最终选择了朴门农法——一种与自然共生、自给自足而不再依赖资本主义的社会分工的永续方法——以一套可以被科学验证的原则与操作方法规划、设计、生产生活所需。盈利点的设计是关于稻米认养与朴门农法教学。5年后，农场实现了损益平衡，就开放了大学生们换工实习的项目。

朴门的永续设计课程，教的是如何运用在地资源与能量去实践自给自足并保育自然生态。例如，农场的稻米认养户要自己动手学习割稻和打稻谷，然后劈柴做饭，还学习自己制作酱油、豆制品、酒、醋、面包等，自行做污水处理，这样一整套完整的低碳、环保、自食其力的生活技能与生活方式，正是朴门所追求的返璞归真的与自然和谐共处的生活态度。

咖啡庄园民宿，是一个知识精英“告老还乡”的创业故事。在这个故事里，充满了对生活的热爱和对自然的珍惜，它也是台湾民宿产业的缩微。

台湾民宿的主人，通常会去车站机场迎接自由行的客人，这样一个温暖的开场，用心书写了一个欢迎的潜台词——“台湾最美的，是人心”！民宿主人还会开车为你免费导览，这样的暖心在他们看来是很稀松平常的事情。当然，民宿女主人也一定不会忘记向你介绍民宿里她或者她的家人亲手打造的家具，抑或得了奖的手作。每一个民宿，都在努力讲着自己的故事，很草根、很励志，也很有爱心。其间传达的生活美学，会让你最终爱上台湾的一草一木。

在中国大陆离台湾岛最近的地方——平潭岛，如今处处可以看到闽台文创融合的印记。就比如“蓝眼泪”，从美丽的风景到海边店家的招牌，“蓝眼泪”悄悄成为平潭岛上海滨度假最亮眼的名片。从北港民宿村、渔屿到潭水古村，哪一样不是台湾设计团队的倾力打造呢？闽台共同家园，竟是先由民宿发端了。而台湾岛的“生活美学”，也静悄悄地进入中国大陆，并且经由民宿的文创之笔让大陆的百姓由衷地欢喜。

在潭水古村一个石屋的改造中，设计师用了“反转时空”设计手法，将老房子的残垣片瓦原汁原味保留下来，没有进行修复，更没有加盖楼层，而是充分尊重它原来的样子，小心翼翼呵护着房子里所有的记忆。这样的设计感，已经超越了设计本身，它带着最人文的体贴与关怀，让走近它的人，在体会文创的精致与用心所带来的惊喜的同时，慢慢沉静下来，去咀嚼那份穿越时空而来的厚重与斑驳……

在民宿经营的“生活美学”里，慢生活总是让人心生向往。就如潭水古村这个小小的杂货铺，它的名字很应景——“起风了”，很快让我联想到村子前面大海上迎着狂风暴雨勇敢飞翔的海鸥，以及屋里将风雨挡在门外的片刻宁静。海峡两岸的文化融合与文化认同，总是在与民生最贴近的地方悄然生长，同时，也巧妙地将传统文化嵌合于现代审美之中，演绎到尽善尽美。

通过一个个这样的文创故事，我们慢慢读懂了台湾无处不在的生活美学。它不仅创造了新的农庄经营文化，也创造了恒久不衰的消费文化和潮流，以及为这种“生活美学”所陶醉的忠诚的消费群体。这，或许就是台湾成功打造节庆之岛的其中一个奥秘。

二、江南民宿与慢生活

相比台湾地区，中国大陆的乡村文脉传承与守护，令人叹息。好在，已经有一些匠心独运的创意在传播了。在“十四五”规划绿色发展和生态保护的主流趋势下，农庄经济的民宿经营闪亮起来，乡村民宿因此走上寻根之旅，回归乡村本身的文脉特质，追捧乡土风味，而不再一味追求毫无在地特色的城市元素。就是那句话——只有最本真的乡土，才具有持续的深远的吸引力。

作为经济发达的东部地区，江南的民宿产业可谓风情万种，从极简到奢华，从现代到复古，也有文青味十足的，亦有经典的以“倒行逆施”追求农庄项目的乡村性的。去符号化、去标准化、去形式化、去设计化、去行政化、去园林化、去城市化……追逐“乡”“野”“采菊东篱下，悠然见南山”的慢生活意境。[①] 提到江南民宿，就不能不提莫干山的民宿群和莫干山民宿的设计美学。

链 接

“江南第一山”

莫干山，地处富庶的沪宁杭地区，自古以来就是江南避暑胜地，这里的民宿以设计感吸引着八方游客。截至 2020 年，莫干山已经聚集了 550 多家民宿。其中，精品民宿 56 家。

2007—2012 年，是莫干山民宿的“1.0 版本”阶段，以“裸心谷”为代表，推崇修旧如旧的美式乡村风格。随着知名度的提高，德清县政府工作报告（2012）提出培育以“洋家乐”为代表的旅游新业态，启动莫干山民宿“2.0 版本”，定位“精品化、高端化”，设计自由度与现代感更多地迎合年轻人的审美。

“原舍”的设计灵感来自中国乡村所承载的历史记忆和原野之美。秉持这样的东方审美理念，“原舍”致力于“复苏那片土地的记忆，并带给人们一种回归原本的生活方式的体验”。另一个民宿“桐庐小熊堡”房子不大，100 平方米左右，是主人小熊自家的宅基地，请的却是设计

---

① 肖唐镖，李昌金，等. 中国乡村报告：政府行为与乡村建设研究［M］. 上海：学林出版社，2005.

大师张雷，外墙是请乡里的石匠用石材废料垒成的，很乡土也很实用，冬暖夏凉。米其林餐厅的星厨搭配当地食材，这样的套餐，真的让“中国最贵民宿”实至名归。这样的民宿，自然成了一方水土的名片。

直至民宿管家“3.0版本”阶段，在地金融、客运、餐饮、建筑装修和农业特产等协同成长，民宿经济引领着县域农庄经济全面发展，并吸引更多人返乡创业。“鱼缸”民宿主人俞刚就是其中的一员，他放弃大型国企营销总监的职务回到莫干山，在自家宅基地上花400多万元经营起了民宿。“3.0版本”还带动了民宿产业的规模化与连锁经营，“原舍”在云南、南京、苏州、衢州以及昆山等地扩张了连锁品牌店。同时，各地的工商资本也纷至沓来，寻找拓展上下游产业链的商机。

于是，为了更好地留住八方人才，奠定现代服务业嵌入民宿业和升级服务业态的人才基石，莫干山民宿学院成立了。

论及莫干山的成功，资本带动的人才下乡返乡所推广的慢生活理念功不可没。这样一种在地文脉植入的养生与慢生活，表达着逆城市化的归真，也不乏现代感。例如，走高端和开放路线的多利农庄之“多利绿城桃花源”，在力求保留乡村淳朴风尚的同时，以现代规划手法为乡村注入城市文明的元素，让农庄与村落浑然一体。设计上，将庭院和田园作为每个家庭的标配，并依托多利农庄的有机农业技术与标准，提供居家农艺服务，搭建农夫集市、农业硅谷、有机农业科普馆，为小镇居民提供专业周到的农业顾问及服务。如此，“农庄用一种新的手法对居住和生产进行了书写”。

民宿的设计，是可以唤醒历史记忆与乡土情结的。位于浙江南部山区云和梯田里的一栋黑白色基调、外形现代简洁的民宿“在田间”，是由13间民宿组成的获得国际认证的最先进的环保健康民居系统。这样的生态健康民宿，还不多见。“富春江船屋”的设计灵感则来自杭州明清时期水上部落—“九姓渔民”独有的船居文化，临水而居的曼妙与船屋自身的风景感，尤其是船头整面落地窗和临湖的大露台营造出的烟波浩瀚的视觉体验，做足了江南水乡的清丽迷蒙。

链　接

社群化与民宿开发

以文化的意象和美好来建立并固化产业的价值形象与品牌形象，社群化在其间起了推波助澜的作用。同学、同好、战友、发小、同样的事件记忆……凡此种种所引起的共鸣，在适当适时的催化下，就能形成一种共同的文化价值体认，聚集起一群一群人，这群人的团体，我们称之为“社群”。

如今，同学群、发小群、读书会、书法协会、摄影群等各种社交和兴趣类社群日益活跃，郊区乡村民宿这种短途休闲去处则成为社群活动地的理想选择。对于中老年社群，乡村民宿还能让他们找到儿时的乐趣与田园情怀，而他们的到来，也将城市文化符号和文明风气带到乡村，为乡村注入了多元文化元素。或许正是城市居民的乡土情结，使得一些乡村得以保存与延续下去。

崇明岛的假日岛农庄以冬季草莓节闻名，它朴素的中式庭院民宿和与村庄融为一体的田园风格，吸引了一群退休的将军来到这里垂钓作画，农庄管理者于是开辟了专门的活动画室给将军们。就这样把将军书法文化留在了农庄，也让一年一度的草莓文化节多了一抹文化与军旅的情怀。

于是，基于社群的城乡互动将城市文化与消费时尚悄然嵌入了农庄经营的日常，赋予农庄经营鲜活的个性。

农庄经营与民宿，可以合体，也可以合作。总之，可以不拘一格。农庄和民宿，无论是谁缔造或传承了乡村文化的在地特质，无论是谁成长为乡村地标，对于乡村发展的贡献，都是一样令人欣慰的。与台湾主题创意的民宿道路不同的是，中国大陆的农庄经营，通过在地产业链和在地文化塑造实现经营的在地化，通过与在地民宿的互动，带动在地民宿的持续成长，也就带动了乡村的发展。农庄经营的使命感与社会责任，由此贯穿于它作为乡村文化和产业龙头的带动性，以及因此形成的农庄、民宿、乡村产业间的利益格局之中。所以，农庄的市场化运作所带动的民宿经营，俨然就是美丽乡村的活化剂。

链 接

民宿——为慢生活而来

从东平国家森林公园向北，大约5站路就到了三民文化村，再2站，就是前卫国家生态村。这个以村庄为集团的民宿村，若说主题定位，只四个字——“生态、乡村”。说到生态，前卫村在崇明岛是很普通的，说到乡村，它也只是崇明岛夜不闭户的乡村中的一个。那么，它的中国第一民宿村的名号因何而来呢？

这里，是一片见证了热血的土地；这里，正在静静开展现代农业的试验；这里，乡村民宿在辉煌的低谷后正在调整发展的姿态……谁承想，这里曾经是一片滩涂！因为1969年那个著名的垦荒运动，有了2.5平方千米的围垦成果，还获得了“全球生态500佳提名奖”；2008年，被评为国家级生态村。看看村内的瀛农古风园、清洁能源展示区、野生动物园驯养基地、生态循环链基地、休闲垂钓中心和生机勃勃的有机农业吧，这个生态村，在起起落落的道路上，一直没有放弃努力和精进。

我在下午5点才来到前卫村，服务中心已经下班。于是，我拦下一部轻骑问路，这才知道这里的农家乐要提前预约，我这样贸然闯来，是吃不到饭的。但是，一位村民——后来知道大家叫他小沈——听说我是来调研农庄民宿的，就十分热心地做了我的向导，带着我绕着有机农场区和各类特色农庄看了个仔细。所到之处有些萧索，就连正值挂果期的火龙果和葡萄果园，也是大门紧闭，想要采摘也是要预约的。如果这个也是慢生活的节奏，那么，淡定地跟上乡村不急不躁的节奏吧。我又想到，今天不是周末，自然游人稀少；何况，为一个人的采摘可能而整天守在地里，无论怎么都是不划算的。

天色黑了，我问小沈能不能到他家里尝尝农家菜，他欣然同意了。原来他才回村子一年，之前在上海开小餐馆，一个月挣五六千，甚是辛苦。这几年，他眼看着周围的民宿红火起来，就动了回乡的念头。家乡的小屋和菜园子，让他重拾往昔悠闲自在的生活。况且，农家民宿小院，按照准三星的标准建起来也就20万元，一年农家乐和民宿经营下来，20万元收入总是有的，加上田里的收成，不比进城打工差。

进了门，小沈就拿出他申请民宿和农家乐经营的各类工商、卫生、环评等申请表和房契，让我拍照。屋里，他养的猫咪静静地看着我。在崇明岛随处可见喵星人，你必须习以为常。

没一会儿，邻居家的小狗闻风来了。邻居们也来帮忙摘地里的菜去洗。被我这个不速之客惊动来的，竟然有这个村庄最大的民宿主人——老黄。老黄这个老业主和小沈这个回乡新业主不同，经营民宿已经颇有根基，拥有一批老客户，一年下来收入总有七八十万。

小沈家民宿的菜园子里，热热闹闹地长满了芦穄、黑芝麻、地瓜、秋葵、青菜，还有柚子树和一些花草——这是一个名副其实的乡村民宿呢。

餐毕，自然就来到老黄家的民宿，居然有客人，都是退了休结伴来的，兴许是当年垦荒的青年？这样围坐在院子里吃芦穄，应该是最崇明岛的夜生活吧。对了，还有蝈蝈，草丛里刚捉了回来，装在罐子里，再拿上一根牙签，中间串上一颗豆子，刺破罐子壁装进去架着，就可以养蝈蝈了。

晚上，我回到三民文化村，依然是只有我一个客人的庄园，以及大门口留守的那对夫妻。静静的夜里，屋外一整排的灯笼点亮着。我扶着栏杆，看着天上的繁星，试图追溯前卫村的过去……

其实，三民文化村的主人范敬贵，是一个颇为传奇的人物，他不仅被称为儒商作家，还是上海自然风画城的董事长。他来到前卫村18年，在村民口中，他就是前卫村人！他的位于前卫村的木雕博物馆，依然是上海很有名气的私人博物馆。在离前卫村不到2公里的地方，他开始打造另外一个文化地标，取名“三民”，是“民间、民俗、民族”的意思。在我和范总的交谈里，他提到了在崇明岛18年的在地使命感，也谈到了对于福建老家的原乡情结。而我，在随后的参观调研里，也感受到他那由使命感推动的热忱和对于深耕崇明文化高地的胸有成竹的淡定。

三民文化村“中华龙”创意的在地传统元素，让它成功跻身吉尼斯世界纪录。中华民族的母亲河长江宛如一条面朝东海的巨龙，崇明岛就是龙的舌头。三民文化村的“中华龙”创意由此而来，用传统木雕木牌拼合而成的“中华龙”色彩艳丽，极富东方神韵，已成为崇明岛当之无愧的文化名片。那么，借由“中华龙”的腾空出世，前卫民宿村和三民文化村，能否走上又一轮的辉煌呢？

不到5年时间，三民文化村的“中华龙”、土布博物馆和“行知园”民俗体验教育实践，已经小有名气。将民宿经营、农耕文化和传统工艺经由在地化的龙图腾和陶行知的教育思想，凝练出全新的崇明文化名片，这是范总的理想。这样一个在地化的乡村精英，已然和乡村形影不离了。

“行知园”里的一块牌子这样写着：“假如你有两块面包，你得用一块去换一朵水仙。”什么是儒商情怀？这就是了。

从大处讲，一个地方民宿的经营要想持续地兴旺，打造或者拥有独特的区域性在地文化名片，是必要的。同时，还要不断地推陈出新，因为，独特性也是需要与时俱进的。但是，如果连独特性都没有，那么就不要去规划盈利成长了。

从小处讲，民宿区别于客栈之处在于它增加乡村居民收入的初衷，在于都市乡村休闲的市场需求。经营民宿好似经营酒店，总是要不时随着潮流风尚装修，有时还要适当调整经营模式，比如原来以退休老人为主的经营模式，随着家庭自驾游的增加，就要多一些孩子喜爱的娱乐和时尚的创意，以适应消费对象变化所产生的不同消费偏好。因此，在地化的融入性与带动性，是系统性的动态机制。拿民宿经营来讲，只有乡村产业和乡村文脉具备了留驻和体验的吸引力，并且与休闲潮流一起成长，民宿才具备盈利的基础。否则，就会像某些地方，木屋变鬼屋。

经营民宿，除了营造市场氛围，创意也很重要。在崇明岛，乡村创意的借景就是信手拈来的事情，一点也不逊于主题创意。最起码，乡村民宿是掩映在田园绿野或山林流水中的风景，它的万种风情，永远都是大画布里最适当的点染。在台湾，无论是南投欧式宫廷范十足的老英格兰庄园、主题创意迸发的苗栗巧克力云庄，还是藏匿于苗栗山水间复古创意的卓也小屋，它们都与周遭自然田园相容相衬，很自然地构成了一幅曼妙的园林画卷。这，才是民宿吸引人的地方。所以我说，民宿，是为慢生活而来的。

我们还看到，在台湾乡村再造的成功案例里，在地文脉和在地生态共同推动着在地民宿业成长。可见，成功经营民宿，除了市场、创意，还有一个生态修复保育和生态承载的考量。对于生态环境折损负熵，不仅要有理性的认知，还有待建立起量化的标准。因此，环境承载对于乡村民宿经营收益的边际，是一个不容忽视的重要指标。还是那句话“做农业，是需要情怀的”……

现如今，乡村农庄与民宿的共生形态，随着60后、70后乡村精英的返乡和80后、90后乡村青年的乡村创业，成为一种新的乡村社会经济生态。它是开放的，又是传统的。它的开放，伴随着青壮年外出谋生和土地的流转，这种民间自发的流动与置换的生产要素的优化配置，带动了新技术新资本的投入，新的乡村社会、产业、文化结构也随之悄然转型。其中，传统乡村社会的重建，对于这种结构调整和乡村永续成长，具有灵魂性的价值意义。在涵养外来文化、保护并发展在地特质与禀赋方面，乡村文脉展示出中华民间、民俗与民族文化的韧性与先进性。

且看，乡村农庄与民宿的相生相长，如何演绎中华日不落的乡村文明。

【点评】

这就是中国农民，他们坚守着“回家养老”这个小农经济产业链最

后的一环。无论是进城创业还是打工，老家始终是起点也是终点。

他们一生积蓄建起的小洋楼或是改造的老房子，因为民宿业的机遇，延伸了小农经济产业链，增加了返乡收益，也让他们更加安心地将东方传统的乡村生活方式一代一代演绎下去……

如今的小沈，安心回到崇明岛老家经营民宿，享受一家三代在一起的天伦之乐。他说，他家的水稻田每一年都丰收，带我去参观过的中国农科院的驻村实验站还在，他家民宿的生意也还好。他还说，如今的前卫村也引来了工商资本，准备租下半个村的房子打造民宿升级版，实行标准化管理。那么，之前这个民宿村的定位“吃农家饭、住农家屋、干农家活、享农家乐”会如何调整呢？或许，那些烟火味，总会随着时光的流逝，被赋予新的意涵。

三、满载华夏文明的中原村庄

《剑桥中华民国史》里有这么一段话：“在一个组织起来的计划中，任何同农民打交道的企图必然引起政治方向的问题和合法性的问题，而不管该计划是否有明显的政治目的或者活动。”乡村文脉的复兴需要“从文化自尊、自觉到再造”。其中，人的文化自觉是乡村文脉复兴的决定因素，这就是像三民文化村这样的在地民宿存在的理由。而在中原腹地河南，华夏文明投射于村庄中的文化基因，经文创之力浸润于村社的日常中，渐渐苏醒过来。

乡村文创的重点，不在于有多么优秀的文创团队，而在于在地化的蛰伏与融入，这样才能做出在地特质与持续效益兼顾的好案子，这样的项目的带动性与盈利性，才可以预期。所以，乡村和文创的关系是这样的——乡村激发文创灵感，文创则复兴乡村，从而实现双向的持续成长。

故而，优秀的文创，不该成为噱头。它应该如一家百年老店的打造，必然是用心与潜心的，还要是走心的，并不断改进与强调。这样的改进与强调，于乡村再造，既是对优秀传统和自然生态的传承与创新，也是对日渐凋敝的乡村社区的修复和再造。只不过，这样的乡村文创，更加草根、愈发乡土，其对于乡土在地特质与文化认同的把握，也如同对于价值链的发掘，既受益于千年文化的积淀，又更加彰显出效率与生命力。

案例

又见乡村文创 满满尽是华夏族魂

乡村文创已经成为农庄价值链延展的重要手段。农庄经济，这个集乡村农业产业、乡村文化产业、乡村服务业于一体，能够引领乡村产业，传承乡村文脉，涵养乡村生态，具有鲜明的在地化特质的乡村经济形态，它的根本是第一产业——农业。由于融合了乡村文脉和创客经济，它成为最接近乡村 6 级产业化的乡村新经济形态。

乡村文脉的建构，在现如今这个大数据时代，难免会闪现互联网和物联网技术的身影。但乡村文脉与城市文化的差异，在于它对于传统聚落文化的传承和对于自然生态的涵养，这是城市空间无法取代的，更不用说它的农业产业是所有产业发展的根本与保障。

乡村与文创，乡村是土壤，文创是萌芽。生态危机感让越来越多的人开始觉悟——若是乡村失却了在地特质，这不仅是历史文化之殇，还将带来万劫不复的生存灾难。故而，乡村文创，将承载满满的中华历史、文化和生存的责任，投身到这一轮翻天覆地的社会变革之中。

美丽乡村的乡土情怀

南街村、北徐村、辛集村、郝堂村，这四个村庄的名字，在河南是有点名气的。它们接待着络绎不绝的参访者，也不断在思考着乡村改革的方向。这四个村庄的建设，会让你时不时惊喜于草根性的情怀所迸发的民间智慧。也许是因为对于村庄组织的群体认同，也许是出于意识形态的坚守与些许依恋，这里的草根性在地文创，很质朴地在细微处流露出中原文化的遗风和对曾经和未来的美好生活的向往。

南街村的社会主义主题社区建设、北徐村的人民公社化治理、郝堂村的乡土休闲产业试验、辛集村的美丽乡村社会服务体系再造，都是民间有限的资金投入的村庄建设，呈现出来的是对于回得去的乡村的思考——富足、宜居和文脉传承。这里，没有太过华美的文创元素，尊重的是村民建设祥和家园的心愿。所以，这里的草根文创，处处皆是百姓的心声。

走在这一片走出了无数中国农民工的土地上，你会真正明白，让返乡农民工和留守人群安居乐业，是最真切最民生的乡土诉求。当他们带着疲累的身子回到故乡，他们不会在乎这里是否圈了产业园，是否建起高楼大厦，他们要的是回到儿时的故园，用半生的积蓄建一个无忧的栖息地，简单的天伦之乐就无比满足。所以，来到这里，你会看到未曾被简朴磨灭的中原文明所绽放的乡土情怀！有村民参与的乡村休闲产业，现在尽管收入不多，却有着可以守望村庄与家园的幸福。诸如李开良这样的民间工艺大师所展现出的在地文创的百姓情怀与民间智慧，会让你感触良多。

辛集村是道地的乡村。因为建设相对晚些，它的美丽乡村建设在理念上和规划设计上更加趋于成熟。走进辛集村，首先映入眼帘的是一口池塘和池塘边用砖瓦垒起来的屏风墙，墙的中间是拱形的门洞，倒影自是好看了些。边上的小广场上横着长长的木桩，据说是从部队旧屋拆下来的梁。这些梁搁在地上，村民往上面一坐，就开会了。没事的时候也可以来这里唠唠嗑唱唱曲吧，我这么寻思着。毕竟，这里也算是村里的文化中心了。

吃饭的小院也在村头，原来就是一个破落的院子，主人家长期在外务工，也就答应了租给村委会。修旧如旧的院子经营农家菜，自是道地。秋天的豫南已经有些冻了，用烧得红红的炭火热着菜，热腾腾端上桌，整个屋子就跟着暖和起来。

从村头往里走 50 米，立着一栋二层的小楼，据说原来只有一层楼，设计之后保留了一楼的屋顶架起二楼做成茶室，秋天挂上一串串苞米，就有了农家的味道。信阳毛尖可是中国的十大名茶之一，这里的人们爱茶，这乡土茶楼，想必生意会越来越好吧。

主人还在一楼开了一间杂货铺，这样看来，他家在村里算是富裕的了。我抬眼望去，河边有孩子在荡秋千，不久，就有孩子结伴上学了，和他们一起的，是欢腾的狗群。所以我知道，这是一个中心村，村里有小学，还有卫生站和图书馆。这里的房子经过修旧如旧，是统一的豫南民居的设计风格。村里的小学是可以寄宿的，一年2000元管吃住，还有老师带着，家长们都愿意送孩子住校。在乡村，这就是名校了。而这所小学的校长，是一名20年前来挂职的教师，他决定留下来，才有了今天的这个学校。他和李开良一样，都是平凡的人，却都因为对乡土质朴的热爱，成了村民心中的乡贤。正在建的学校厕所，采用了日本设计师干湿分离的环保理念，和这个村庄的日新月异很搭调。

尽管街上还是空荡荡的，茶社里游人稀少，我看到在每一户被改造的屋前，都挂着屋子改造前和改造中的图片，一律的黑白，看着很文艺，还都附了微信二维码。扫一扫的话，“美丽辛集”穿越时空，唯美地站在你的眼前。虽然看不到这个村庄后面的建设者，却实实在在感受着他们的热爱与情怀。那文字，那图片，就是温婉的邀约。现代化盘旋于这个村庄之上，与传统如此和谐地共鸣。这是河南人民新农村建设的又一次跨越。

到了南街村，这里的面食加工产业的热闹景象，在沿海已经是难得一见了。从沿海到内陆的我，在这样的乡镇企业氛围里，听一听红歌，参观一下村史博物馆，和这里的人们一起追忆那个年代的忠诚、无私、互助，就像是在春天里对冬日的阳光来一次回眸，记住曾经的温暖，在感恩、进取的永恒主题里缅怀历史……

在这个几乎处处打下毛泽东时代烙印的乡村，红色概念也不是没有节制地铺陈和充斥的，而是很朴素地在乡村治理的日常之中渗透进去。没有作秀，你看到的，是最普通的百姓对于那个被批判的时代的美好批判，对其中的美好记忆的传承、贯彻与纪念。比如村民大会上肃穆的表情、标语和服装，就是村民们在标榜自己的组织文化！他们的内心，是豪迈的！

至于郝堂村，作为中国乡建会介入很深的试验项目的所在，值得细细道来……

中国乡建院的小楼就立在郝堂村村头，它俨然成了这里文化的地标。入驻如莲茶馆的3号院，也是乡建院的“资产”，经艺术家整理，乡土依旧，呈现出艺术的美，是到访的中外艺术家必然要来的处所。

1号院是乡建院改造的第一个项目，是示范性的，几乎可以肯定，它一炮打响了。因为郝堂村民居改造是民间自愿的，资金主要来自民间，委托乡建院实施设计和施工。1号院的主人在外地打了半辈子工，回乡养老就有了翻修房子的想法。乡建院遵照“能省则省，能再利用的就再利用，尊重农民的意愿”的指导思想，尊重农民建房“看风水、看朝向、注重实用价值”的观念，与主人反复论证后再进行设计和施工。改造后，不仅让村民惊叹原生态民居也可以这样美，更有屋前的小池塘与植物设计，构成一个完整的污水处理系统，让乡土与生态元素的结合打造出宜居与完美的经典。村民争相效仿，乡建院的牌子也就在这里扎下了根。他们的乡村理念也影响到当地干部，乡镇领导每天都会在村里巡视建设情况，现场处理问题。同时，在他们对郝堂村未来蓝图的思考里，也有了乡土文化和环境容量的斟酌。深入骨髓的中原文化让这里的乡村建设，比起沿海地区，多了一份从容、远见和在地化。

郝堂村的乡村试验，初步显现出文化引领性和产业带动性，这与基层政府的支持、民间组织的公益服务以及村民的自发参与，是分不开的。到2015年，各级财政和社会资金投入3000多万元，主要用于农田水利和村庄绿化。这一年，从返乡就业培训的登记情况看，郝堂村大约有三成的出外务工人员返乡加入乡村旅游产业中，开始经营农家乐。毕竟，这样大的投入打造的样板村，让我看到了一个回得去的乡村。当村庄共同体的集体资产和集体经济初具规模，小农“市场贱民、社会流民、政治贫民”化的趋势就会发生根本性的逆转。为郝堂村的旧房改建和节能环保项目推广，平桥区政府给了补助，比如旧房改造，每平方米补助130元。新建住房可以申请10万元合作社贷款，财政贴息2年，但主要的资金来源还是农民自己。现在，郝堂村改造和新建的民居有

70多栋，农民用打工的钱美美地建起了新的庭院，过上了优哉游哉的慢生活。

于是，郝堂村因为最乡土的豫南民居远近闻名，时常吸引画家来写生、摄影爱好者来捕捉灵感。也不断有孩子们随着老师鱼贯其间，听一听老房子的故事，嗅一嗅溪边古树的清幽。而村民们，打扫干净自家的院子，经营起了农家乐。虽不富足，却也安逸。

成功的乡村文创，源于对文化特质的深耕与感悟，是发自心底的缅怀与贯彻。它也许粗糙，但绝不浮华；它的存在，有着民间认同的根基。故而，成功的乡村文创，有两个必要的前提条件。首先，是在地化的特色定位；其次，是公益性的乡土情怀。其间所呈现的，不再是生硬的为文创而文创的空洞感，而是在地化的独特视角经由公益性情怀的抒发，将由衷的热爱融入作品里。没有造作，只有更乡土。

去过台湾的人，都会深深折服于台湾文创的魅力。对于人才济济资源丰沛的中国大陆，台湾文创可以复制，可以超越，但是台湾业者的那份用心和台湾民众发自内心的对于乡村文创的珍惜和感恩可谓独一无二。乡村生活就其本质而言，是一种慢生活，是都市生活的补给站，依着这样的格局进行本色创意，自然会撩动城市族群前来休憩的渴望……

在台湾，我到过“巴巴坑道”，一个大约8亩见方的地方，却因着出彩的矿主题餐厅的创意和屋外不足30平方米的精致园林布景，吸引着络绎不绝的客人驱车前来。自然，它周围密密的树林是大自然的恩赐。于是，台湾老师称来这里是“洗肺”。可见，创意项目若是可以和周边环境和生态很好地融合，就可以将境界放大，将客户体验无限延展。如此创意，不也正是因为在地化元素的融合而得以持续成长并赢得了认同吗？

有人说，台湾乡村文创的成功，在于迎合了台湾人的生活风格，在地，即是台湾人生活风格的一部分。比如掌生谷粒的文创，强调与农户的亲密关系，收购价格农户说了算。他们做的就是告诉农户：“农作是大地的一场‘偶然’，即使日复一日、年复一年，都不会收成到相同的结果。所以遇到情况不好的米，不是你做得不好，会有人和你一起承担并告诉消费者。”

所以，乡村文创，要是走心的。衡量乡村文创，在地化、生态性、引领性是关键因子，至于资金投入和团队的专业化与知名度，都还在其次。在这个领域，可以不用论资排辈，可以不屑于俗套，用乡土元素用心做出来独一无二的特色，会因为在地化的不可复制性，成为农庄经济成长的持续动力。

【点评】

作为汉文化发源地，河南乡村有着深厚的中原传统文化底蕴，也培养了河南人大气磅礴的胸襟。那些根植于乡土的智慧与执着，来自最朴实的追求幸福生活的愿望。

这里的乡村文创，没有哗众取宠的意味，它沿着中国乡土信仰价值取向的根脉在地生长——可以很原真，也可以很时代。这样个性化的集体农庄实践，是依循着村社理性所做出的价值判断的结果。所以，这些取悦民心的乡村文创，有着深厚的人文基础与情感力量，也就因此有了强大的凝聚人心的力量。

这里的乡村文创最能代表中华民族传统的乡土智慧与草根情结，有着原真的生命力，它融入在地乡村文脉的骨血里，延绵生长。

南街村的集体经济又火了，村民的幸福指数和对集体的信赖，是对于这种传统村庄德治文化治理下的集体农庄的无声认同。乡贤与德治，总是相得益彰。正如前述的集体农庄，在中华大地，因着东西南北中不同的地域文化特质，涌现出一个个看似平凡却个性鲜明的乡村建设者，他们共同的特点，是对于在地文脉怀有敬畏之心。

第四章

感动未来的农庄经济

在中国农庄经济在地生长的“十三五”时期，既有一些拆大棚、拆民宿的不尽如人意事件，也有一波又一波的美丽乡村工程。正是在这样的一波三折的进程中，曾经被认为欠缺活力的美丽乡村工程，经过近20年的默默积淀，迎来了升级版时代，政府政策也在不断的试错纠偏中回归中央一号文件的大方向大战略。

首先，经年累月的美丽乡村工程所奠定的基础设施，终于引来了工商资本下乡的金凤凰，美丽的乡村苏醒了。接着，各类非政府组织和新村民带动的乡村讲堂，悄然改变了村民的文明认知和价值判断，一批批返乡村民也将新的生态发展观带回家乡，促进了乡村文明新风尚的养成。于是，“绿水青山就是金山银山”的“两山”理论，最终深深地扎根在了百姓的心中；于是，文化生态学的理论和实践在中华大地美好了村庄与山川。

链 接

感动未来的企业

喜马拉雅有个“静说日本”节目，在2020年7月26日的《日本转型创新：索尼革命》播讲中，提及日本索尼集团社长在接受采访时表示：“索尼的责任，就是要创造‘感动’，并不断地将‘感动’送到每个消费者手中，并以此来创造一个由‘感动’来维系人心的美好社会。”新冠肺炎疫情爆发后，索尼公司将2030年智能化盈利模式的权重目标从目前的4%提升到30%，打造“感动未来的企业”——“用新创意和新技术去开拓接近人、感动人、联系人、支撑人的新产品、新事业”。

索尼公司的转型战略聚焦运营模式的远程化转型与智能化提速，以及产品文化的“感动”美学。农庄经济和农庄经营的未来发展又何尝不是如此呢？

感动未来的农庄，是无毒的，是生态的，是“5G+”的，也必然是走心的。在中国著名的乡建经典——成都郊外明月村的乡村再造在地化过程里，我们看到了海峡两岸乃至世界乡建经验的中国实践，也看到了以新村民和文创项目落地带动的城乡融合所赋能的集体农庄的美好未来：

“茶山、竹海、明月窑
诗人、禅师、建筑师
有梦的人都成了新村民，
乡间田野中，散落着一个个艺术工作室
未来的乡村也许就是这样一个创意和文化的暴风眼”

中国的农庄经济就这样在海峡两岸各界的共同努力下默默走过10年、15年、20年，走进了集体农庄和田园综合体带动的乡村振兴的新纪元。成都郊县明月村“产业+乡村建造+社群营造”的经验模式，已经在中国大地开枝散叶，会有更多的诸如许国发和他的抖音团队、更多的阿强嫂和阿强哥，成为新村民，去亲历中国乡村在传统、生态与现代化的融合中的蜕变。

同时，中国农庄经营和农庄经济发展的6级产业化内涵，也将随着数字经济对于农庄经济的嵌入及影响力提升所带来的平台服务、要素跨界、营销裂变等，迅速推动农庄经营的现代化——生产方式从机械化的普及到智能化的升级，生产力配置进入数字时代的无边界开放形态。于是，农庄经济的价值链游走于在地化与全球化之间，伴随着现代交通和网络化而重构的产业时空分异格局而精进并更加多元与个性化。

首先，新型城镇化对中国农庄经济的影响是巨大的。未来5年，随着城乡一体化进程的加速，中国乡村将成为创业与创造的沃土。在地化、无毒化、节能化、数字化、智能化、康养化的田园综合体、集体农庄、特色农庄与在地民宿引领下的乡村发展新时代，会有说不尽的科技精英、知识青年和农庄经营的故事……

此外，一场全国范围的生活美学运动也将席卷乡村，生态保育理念被广泛接受，农庄经济与自然系统所构建的农庄经济人造系统与原生系统，进一步形成在地化的意象与影像，以满足人们心中对于美好乡村生活的价值体认。

因此，走向生态文明的中国农庄经济，会因回归东方文明天人合一的终极生活理想而感动未来。农庄经营和社会价值回归生活本体这个轴心层，物质与文化在各类农庄以及它所依托的乡村社会间达成高度的价值趋同，带动乡村社会的物质文明与精神文明的进步。

“十四五”期间，中国农庄经济将踏着乡村再造的浪花，加快其作为乡村振兴产业主体的现代化改革的步伐。如图12所示，在文化层，农庄经济将肩负起修复和传承在地乡村文脉的社会责任，进一步融入乡村，和乡村社会共同成长，荣辱与共；在物质层，无毒农业运动将推广并净化人的身心，对生态的呵护、对资源的珍惜，渗透在农庄文化和消费教育的方方面面，带动公民素质的整体提升，食品安全问题将迎刃而解；在文化层与物质层的互动相生中，轴心层所倡导的回归生活本源、追求精神消费的潮流得以顺利推进，数字化带来的精神与文化的盛宴、智能化带来的体验便利性等都将推动农庄经济体系的创新与永续。

未来，还会有越来越多的“新村民”、非政府组织进入乡村社会，给乡村注入活力，丰富乡村文明新风尚的内容元素。同时，政策导向下由乡镇扶持村集体经济主导的美丽乡村升级版工程，让一些具备了乡村6级产业化基础的集体农庄脱颖而出，成为以农业和康养为主题的田园综合体发展的基础，推动在地化的农庄经济体系的发展。

目前，中国特色农庄经济的发展进程，已经走到了如图13所示的

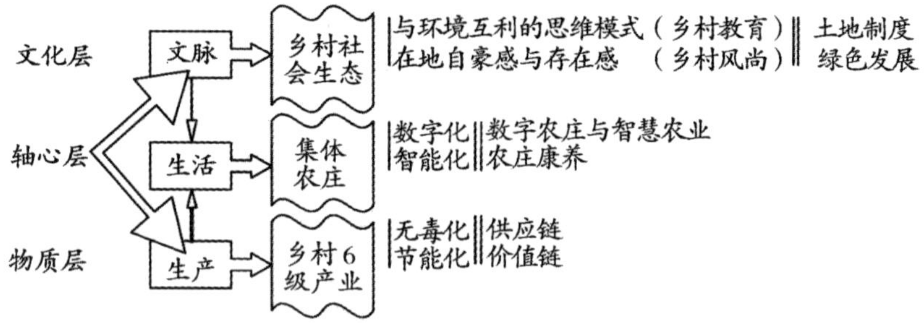

图 12　走向生态文明的农庄经济

场景：在地化与开放性让中国农庄经济有了全球视野，乡村对于“新村民”的接纳度会随着他们的在地带动性的发挥而显著提升；非政府组织的平台功能也将随着农庄经济的发展而拓展，其孵化、教化、服务功能的在地化过程也是它成为农庄经济发展重要联盟的过程；而机器人类和智能辅助器械的加速应用会吸引越来越多的兼业农民和都市新农夫，从而托起农庄经济的产业根基。中国农庄经济，一个扎根于现代农业产业并跨界发展的新型经济体，就这样，在地生长着……

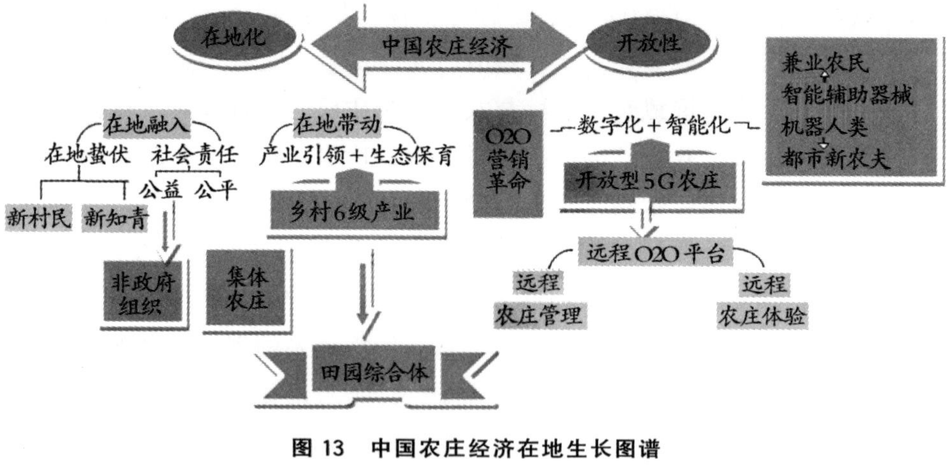

图 13　中国农庄经济在地生长图谱

如果说中国农庄经济的未来还可能会有什么样更加不可思议的突破的话，我觉得或许与梦想有关吧——乡村振兴的中国梦，在新科技的助力下，会以怎样的时空维度去建构美好生活的平台，去开启天人合一的梦想之旅呢？

第一节　数字农庄与智能农业

数字农庄经济通过开发互联网技术的应用场景并融合创新，促进要素资源的优化配置、降低系统运营成本、增值品牌效益，并在全产业链以跨界的融合业态精准对接消费社群，不断挖掘和创造在地化绿色消费文化，以满足多元化、个性化、远程化的消费需求，从而激发农庄经济在社会、经济、文化各领域的联动效应。

因此，数字化带来了更加广大的全产业链延展与合作的空间，并带动农庄产业体系的裂变，推动区域开放与合作，推动着农庄经济的发展模式从乡村 6 级产业形态拓展至区域经济层面的集体农庄和田园综合体。在这个过程中，科技应用、文创活化和“看不见的手”不断突破农庄经营的边际效应及利润拐点瓶颈，以更好地解决农庄经营同质化的问题。随着农庄经济系统结构的优化、拓展、创意与变革，农业产业低收益和弱质的传统行业形象将发生改变。于是，现代化的农庄经济诸业态在乡村 6 级产业基础上迭代重生，迈向城乡融合与跨界发展的中国特色的发展道路，从而缔造出一个个在地乡村文脉与农业现代化道路共融相生的农庄经济中国典范。

一、数字时代创造了跨时空要素配置新格局及应用场景

空间经济学认为，生产要素和消费者区位上的可移动性，是产业集聚的先决条件。作为数字时代最直接最廉价的应用场景，发展农村电子商务连年写入中央一号文件。2019 年，《数字乡村发展战略纲要》出台；2020 年，《数字农业农村发展规划（2019—2025 年）》颁布。在政策的推动下，农庄经济在物联网、电商及农产品物流领域的技术应用与推广效率大大提高，成本显著地持续下降。例如，物联网的运用促进了生产环节与消费终端之间的即时资讯沟通，借由产销数据的云端处理，建立起消费信任，而免去中间环节，进而，现代化采收与物流环节的技

术革新，也在不断降低生产与消费的成本，最终实现从农场到餐桌高品质配送的规模化与日常化。

1. 物联网领域

数字农庄或者农庄数字化作为新业态，随着“互联网＋”、大数据库、云计算运用场景等的拓展，其应用场域将冲破区际的隔阂，嵌入到农庄经济发展的各个节点，乃至带动区际联动，到更高的维度去重构和优化产业体系的格局。具体到农产品供应链，通过运用大数据技术预报气象、土壤、病虫害、行业动态和市场趋势，提高配方施肥及用药精准度，将环境友好的农庄经营理念全面贯彻到实践中，从而科学地指导农业生产，更好地实现产销对接，提升安全食品生产能力。以总部在上海的多利农庄为例，其物联网技术应用，涉及智能化培养控制、智能化数字灌溉、生产环境自动化控制、生产可视化管理、冷库监控、农产品运输车辆管理、二维码质量信息追溯等物联网关键技术集成领域。而在平台聚能方面，数字农庄的抗疫情冲击优势已然凸显出来。随着“5G＋互联网”“5G＋AI”的深度跨界应用，全球化的远程办公时代到来了。人才、技术等资源要素随着数字平台的延展与功能升级，将大大提升农庄经营的要素获取能力和获取便利性，越来越广泛的跨界合作形态与业态也必然带动教育的革新。

2. 电商领域

远程化、智能化对于农庄产业链布局的重构，开启了O2O线上流量开发的大时代，颠覆了以往追求现场人流量的盈利模式。而恰好此时，县长、企业家、网红、UP主和各路明星正在走进直播间。数字流量作为数字经济时代的新要素，在网络直播等新业态的助力下，着实在中华大地火了起来，县长带货、明星直播，也成为疫情期间一道亮丽的风景。作为中国粮食生产第一大省的黑龙江省，在政府政策驱动支持下，涌现出诸如“北极珍品汇”电商平台的“自营平台＋多渠道营销＋网红直播＋短视频”模式，和全球直播公会MCN① 机构的“短视频＋

① MCN是一种国外成熟的网红经济运作模式，是一种多频道网络的产品形态，用以实现内容产品稳定的商业变现目标。

直播＋达人 IP＋KOL”孵化模式。

同时，数字供应链助力扶贫攻坚、电商化助力在地农产品优化的优势，在新冠肺炎疫情期间崭露头角。2020 年初，针对因疫情滞销的农产品，农业农村部发起“特色优质农产品线上产销对接活动”，各大电商平台企业广泛参与。中国农产品市场与品牌网、中国品牌农业网、拼多多、一亩田、阿里巴巴、安厨、58 同镇等国内知名农产品平台与平台电商还配套推出优惠贷款和运费补贴的助力政策。截至 2 月 21 日，18.655 万吨滞销农产品完成产销对接；截至 4 月 17 日，各大电商平台累计对接滞销鲜活农产品 79.6 万吨，成功撮合线上交易 1820 万次。仅一场网络直播就让江西省华星村滞销的果子山变成了网红土特产基地——“一场直播就接了 6000 多单，百香果卖了 3 万斤，脐橙卖了 2 万多斤”。[①] 这是中国平台电商企业流量影响力小试牛刀的一战。接下来，农业农村部将以“互联网＋”农产品出村进城工程，支持新技术、新模式、新业态的应用创新。

3. 农产品物流领域

中国制度在解决农产品最后 1 公里物流问题上的卓越成效，成就了中国特色的农产品数字供应链工程。截至 2019 年，全国 55.6 万个建制村实现直接通邮，乡镇快递网点覆盖率达到 96.6%。2020 年新基建政策出台，农产品产地仓储保鲜冷链设施建设将全面铺开。越来越多“土”味十足的乡村在地特产在平台电商企业助力下进入消费市场，涌现出越来越多像河南省夏邑县何营乡、四川丹巴县八科村这样默默无闻的传统农业村变身“淘宝村”的例子。

此外，疫情催生的数字供应链革命，带动了农庄经济的在地生长，吸引青年返乡创业，并将继续深层次变革农产品供应链结构，开启数字供应链重构农庄经济、活化乡村社会的中国乡建模式。例如，福建省斌溪村的“数字斌溪”项目就是在文旅融合的中央一号文件指引下打造出来的跨界服务平台。

---

① 常钦．电商助农，“一时火”还要“一直火”[N]．人民日报，2020-04-24.

未来5年，新基建催生出来的世代化新供给和新需求，将推动中国农庄经济消费与供给文化的发展，并为在地文脉输送新鲜的元素——农庄经济数字化商业模式全面上线，带来农庄经济全产业链上的要素获取、营销方式、市场策略和消费教育形态等的创新与活力的迸发。

“十四五”期间政府公共服务助力农庄经济最直接的落地成效就是基于区块链服务网络（BSN）的国家区域区块链主干网将陆续上线运营，这是农庄经济的信用体系全面接入国家的金融、政务、民生等分布式信用体系的大好机会，并可由此共享政务信用平台的智能合约、物联网、供应链管理、智慧城市等区块链典型应用的平台服务的项目支持。至此，农庄经济的传统形象将因数字化与智能化而改观，品牌度也会在政务信用平台的信用支撑下得以升华。

智慧城市、智慧交通、智慧海洋、数字乡村、算力基础设施、物联网接入管理与数据汇聚平台等新基建项目，将在“十四五”时期的中国乡村全面铺开。仅福建省，到2022年就将建设50个以上物联网创新应用示范平台，一个万物互通互联的时代正式拉开序幕。福建省的“农业云131工程”将形成全省农业信息资源“一张图”，推动农村水利、公路、电力、冷链物流、农业生产加工等传统基础设施数字化转型。同时，一批省级现代农业智慧园、农业物联网应用基地将应运而生。“生态云”“绿盈乡村”等生态环境系统基础工程建设，给了农庄经济基于绿色发展的智能化管理与改进的有力支持。

趁着这股东风，农庄经济的远程模式也将会跟上新时代的变革，以适应特殊事件的应对处理与农庄现代化转型的要求。远程技术的应用场景将让农庄经济的跨时空体验服务成为可能。借助虚拟现实（VR）技术，你可以在家里通过操纵机械人到农庄各处走走看看，玩各种实景体验游戏，在自家认领的菜园子里体验一把农耕虚拟现实生活，最后走进果园摘一篮子新鲜水果，抓一只飞上树的鸡，然后到农庄前台找到你的购物车，确认买单。接下来，农庄会第一时间将购物车里的生鲜食品进行净菜处理，争分夺秒地送到你的家里。你不用出门，也不是在玩电竞，这是你的5G智能新生活——即使没有时间，也可以很惬意地偷闲一把，将生活场景随时切换到郊外的某个农庄，玩一把现实版的QQ农场。

随着VR技术嵌入，VR远程农庄体验在不久的将来必然给农庄经济带来数字化的时空体验创新。同时，电商系统进一步下沉到乡村，并与内容消费一起，加速与农庄经济全产业链的无缝嵌合（图14）。

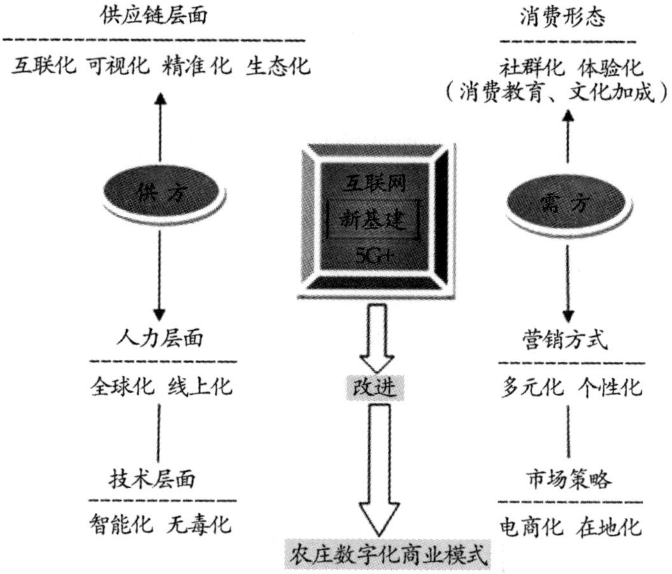

图14　农庄经营的数字化转型路径

在供应链层面，农庄经济作为乡镇电商的聚集高地，其田间管理、项目现场、生态保育等线下系统，都要经历线上的考验，线上与线下的趋同性与黏性不断提高。但无论如何，农庄实体的线下核心竞争力，始终会是永续经营的王道。

在消费形态上，社群化加速了消费市场的细分化。于是，一个消费教育和消费文化的设计个性化时代到来了。文化消费、绿色消费成为主流。例如，90后更愿意为内容产品买单，以及00后热衷于动漫手办等现象，都实证了消费迭代的世代化趋势。

在城乡融合方面，数字化转型的农庄经济将加速抹平城乡发展的数字鸿沟。而O2O的融合，单就农庄经济发展要素的时空布局而言，呈现出无界的高度、跨界的优化，要素流动更加开放、多元、灵活。从场景的线上化到线上线下的无缝对接，都将助力农庄经济和农庄经营的智库储备与要素跨界融合及优化。例如，在线上办公普及之后，一线技术人才和专家可以跨时空兼业到农庄项目，而不必舟车劳顿地亲临现场了，农庄也因此提升了技术支持的专家团队水平，并节约了成本。

线上化的另一个贡献是线上平台不断涌现，在项目和创业者之间架起无数的桥梁，为每一个创业者提供创造的无限可能，也为农庄经营开拓出无穷的价值链的增长区域和跨界灵感。创造力在以释放，在地化方案进一步聚焦到品牌打造和在地体验优化的议题上，所有的一切都将变得轻松而美好。

二、数字经济将托起农庄经济全产业链

机遇往往与挑战相生。新冠肺炎疫情带来消费模式的变革，新的消费习惯的养成，倒逼行业的业态创新，个性化消费、消费定制等也随着年轻消费者消费个性的张扬迎来窗口期，大众品牌、小众品牌的品牌化消费风格在激烈而多元的竞争中引领着潮流。这将倒逼农庄经营者思考品牌、品质和性价比等价值增值与价值创造的经营战略，去迎合农庄经营最大的消费群体——中国社会庞大的中产阶层的消费升级和服务需求。而消费升级下的供给优化，也终将让困扰中国市场多年的食品安全问题迎刃而解。

在农庄的产品品质与休闲服务质量随着消费需求的升级被不断推高的同时，“看不见的手”也在推动着农庄经营由第一产业向二、三产业延伸、融合、创新、优化，并带动着乡村6级产业成长。这个过程，也是农庄经济在地化融入不断深化的过程。于是，农庄经济对于乡村永续发展的使命感很朴素地产生了。

这也是在地农产品直销模式大发展大变革的时代，乡村6级产业化的地产地消的经典范式将迎来全面的线上化。新冠肺炎疫情加速了净菜、半加工食材的发展节点的到来，都市农庄迎来会员制营销服务的窗口期。诸如体验式参与DIY这样的小班制活动，也将引领着中国百姓

的生活美学回归传统审美。

假以时日，今天的集体农庄、田园综合体和特色农庄的视野会更加全球化。数字经济的开放性给农庄经济带来全新的视界和多元多维的发展空间，推动农庄经济的技术裂变、技术投资和技术应用，城乡之间的要素鸿沟被填平之后，中国和世界的舞台就呈现在农庄经营者的眼前。同时，网红、UP主等的线上活动会将农庄经营的时空格局无线拉伸，从而冲破传统庄园经营的地域樊篱，构建出线上线下的完美世界。于是，我们有了这样的愿景——在地的就是世界的，在地化拥抱全球化，地球成为人类真正的共同家园。

可以预期的是，未来5年，一大批中国农庄经济的在地品牌将迅速成长起来，全产业链拓展的结果也让工商资本在技术应用和新媒体等新兴领域收获丰厚的体验与回报，并推动劳动生产效率的现代化。最后，跨界多元、融合发展的农庄经营范式迅速成长起来，特色化、个性化的元素不断涌现。从这样的视角看，疫情危机无形中推动了农庄经济的结构优化和农业现代化进程，并加速了城乡融合。

一方面，区块链技术应用的日臻成熟，类似BSN这样的网络服务平台所具有的共时性与共享性特征，满足了远程办公时代的技术、技能培训以及智力资源合作等需求，也开启了一个数字技术经济的全球化和农庄经营的社群消费时代（图15）。

线上与线下的完美对接，产销环节的闭环化，推动着农庄经济在供应链领域的改进与优化，产品个性化带动品牌营销，社群文化带动价值消费，一切都变得刚刚好，一切都充满惊喜。

共享与共时性也将推动农庄经济全产业链的管理战略重心向品牌化、数字化和智能化转型，线上线下的市场运营和客户维护被精细化并量化到最小单元，并通过大数据的运用不断改进产销对接环节的预测能力与服务功能，从而将要素和资源的效能不断优化。这就是平台的发展被普遍看好的原因。接下来，各种平台化的项目重构与资源整合，将在数字化的推动下变得更加炫目。

另一方面，网络和新媒体的涌现为新时代的创业者提供了时空上多

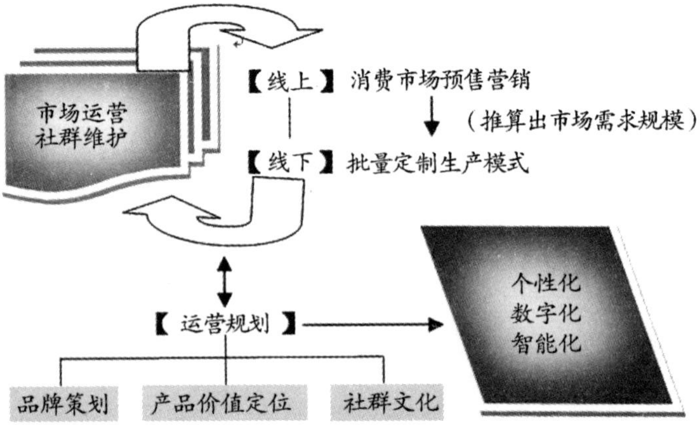

图 15　数字农庄的社群经济时代

元开放的选择，要素平台化的趋势为人力资源的自由组合与自主创业开辟出崭新的天地。会有越来越多像许国发抖音团队这样的从线上的志同道合到线下的八方汇聚的团队，怀揣着梦想和一技之长抱团下乡创业，他们的勇气和新思维也将改变农庄经济发展的人才困境。同时，也会有越来越多的农庄企业在平台上跨界合作，为一个共同的愿景一起打拼。

开放的数字平台还为产学官合作的创新提供了更多可能——中国一蹶不振的农业推广体系和信息不畅的产销体系也将迎来全新的模式，轻装上阵——颠覆传统的思维与路径，在大数据技术的推动下，传统的垂直体系被点状发射的多位传播和应用空间取代，创造力被空前激发出来，生产关系也将变革以适应生产力的飞速发展。

然而，我们也客观地认识到，尽管中国的数字技术应用突飞猛进，智能化却还没有完全跟上来，官产学合作的平台优化也尚需努力。反观邻国日本，在农业推广领域的数字化运用远没有中国这般的强劲，但在服务农庄科技不断精进的平台建构方面却颇具成效，并成功地将官产学合作推向了高效互鉴、成果迭出的境界，有效激发了科学技术作为第一生产力的新动能。

链　接

日本的“知识聚集和活用场所”[①]

2016年，日本启动的“知识聚集和活用场所”，是基于开放式创新的新型产学官合作模式。截至2020年5月，“场所”中已搭建了170个开放型研发平台，聚集了3443个来自全国各行各业的成员。这个支持各类共享合作的平台网络，旨在促进产业间交流和地域间联动。

大脑衰退预防食品研发平台，2018年2月由东京大学新领域创成科学研究科久恒副教授团队、农研机构食品研究部门、东海物产株式会社等三个机构创立。该平台致力于合作开展从农畜产品中研发能够预防大脑衰退的功能性健康食品的相关研究。并且每4年举办一次信息交流会研讨会，以寻找新的灵感并调整研究战略。该平台于2018年9月开发的含10%咪唑二肽的鸡肉提取物产品已经出口韩国和中国台湾等地，同年研制的高纯度咪唑二肽产品获得日本文部科学大臣表彰的科学技术奖。

ICT连接地域共生农业价值基地研发平台是连接农业法人、ICT企业、大学、公立研究机构的开放式创新型产学研网络，由日本6所高专分别负责平台主要活动——共通数据库开发、应用实例研究、IOT人才培养等，旨在运用低成本ICT农业构筑地域安全食品系统，使农业附加价值回流第一产业，增加农村地区就业机会。其中，鹤岗工业高专开发的低成本环境传感器系统“高专版气象站”，设备成本较市场同类产品低30%左右。此外，该平台倡导的“CIVIC TECH”针对中小规模家庭农场，鼓励农场自主利用技术从事智慧农业。到2019年，平台成员达到52个。

---

① 李娜．日本农业产业融合的新进展及启示——以“知识聚集和活用场所”为中心［J］．亚太经济，2020（4）：95—97.

“九州·冲绳农林水产品出口促进研发平台”设立于2016年，通过产学官合作分析解决农产品出口供应链环节的制约因素及瓶颈，以扩大出口。该平台在九州、冲绳地区每2～3个月举办一次产学官研讨会，讨论“高鲜度保持输送系统研发课题”和“新一代设施栽培技术开发课题”。平台还与Society5.0农场复合研发平台、食品的创新性保存和物流技术研发平台、水产增养殖产业创新性孵化平台合作开展了扩大出口战略的市场调查活动，成果于2019年被内阁府“战略性创新创造计划（SIP）”中的智能食品供应链系统构建项目采用。

2017年的中央一号文件提出供给侧结构改革，鼓励以农业合作社为主体发展田园综合体，从而激发了又一轮工商资本下乡的热情。3年之后的统计显示，不少的田园综合体等各种乡村新型农庄经济项目的实践存在着重复建设、缺少乡村文脉和项目灵魂嵌入等问题，致使项目特色不明显，盈利点不显著，以致遭遇到发展瓶颈甚至失败。

2017年，中国人民大学土地政策与制度研究中心借鉴国际经验，在参与设计农村集体土地改建租赁住房问题时提出了“共享农庄”解决方案——在不改变农民所有权的前提下，将农村闲置住房进行个性化改造，形成一房一院一地，并根据需求改造为市民田园生活、度假养生等多种模式，再通过互联网、物联网技术，与城市租赁住房需求对接。方案实施过程中充分尊重农民意愿和传统民俗风情，资产增值收益大部分由农民获取。于是，2017年，北京郊区闲置农房首先入市，建立起城乡的供需通道，这样既盘活了乡村闲置资源，也迎合了城市居民的乡村体验和休闲度假需求。这个“共享农庄”解决方案与农业地产最根本的不同，在于它所设计的盈利模式的最大获利群体是乡村和农民，而不是工商资本。

2020年的中央一号文件，在前几年实践的基础上，提出以集体经济为引领的供给侧改革新思路，并立刻得到基层乡村的响应。股份制、合作制等多样化的集体农庄发展形态，在“互联网＋”和政策机制的推动下，迅速创新出了多元化的新业态。于是，乡镇统筹支持与新基建推动下的“美丽乡村”升级版——集体农庄，如雨后春笋般生长，各种乡建团队和人才也在市场的推动下迅速进入乡村。同时，“十三五”期间的中国民宿业也开始走向成熟与规范，各市县陆续出台《民宿管理办法》或规范文件，浙江省的德清县和瑞安市就因民宿而闻名遐迩。

这期间，全国领先的闲置农宅租赁合作服务交易供应商北京万鸿信息服务有限公司首创市场化的“庄家”共享农庄平台。截至2018年9月，北京市有2000多套农庄民宿加入“庄家”，这些农庄中的60%位于北京1小时经济圈内。如果没有遭遇新冠肺炎疫情，“庄家”共享农庄平台的预期是在全国盘活利用闲置农宅院落近10万套，并带动农民财产性增收。

2018年的中央一号文件正式提出大力发展乡村旅游，进一步调动了工商资本的热情，连锁经营企业斯维登集团在崇明岛港西镇北双村的首个共享农庄签约落地。同年，广东省率先起草省级层面的《广东省民宿管理办法》，《海南省民宿管理办法》紧随其后。

在空心村二次创业和扶贫攻坚方面，共享农庄似乎有着独特优势，但是只有那些因地制宜开发地方特色的项目，才能经得住市场的考验。我们看到，一些康养农庄、特色农庄民宿等项目，在将自身的价值定位与在地乡村文脉融合之后，成长为在地化品牌与地标性项目。

从台湾民宿到大陆共享农庄，数字时代和中国特色让农庄经济的创意任意驰骋。这样的时代背景，也催生了在第三章介绍过的许国发和他的抖音小伙伴团队，以及农庄经济所需要的人才、技术、资金等项目模块的共享创新模式。

然而，新冠肺炎疫情之下，共享农庄遭遇到客观的发展瓶颈，面对标准规范与服务技能培训尚无法充分保障的现实，如何智能化地替代并升级共享农庄的服务系统与安全保障？这需要不同以往的管理智慧。农业劳动力短缺的日本，其工匠精神在农业供应链领域发挥到了极致。日本在运用智能机械替代与辅助、推进城乡产销智能化体系方面的经验，是遥遥领先的。

链 接

日本的智能农业①

日本对于“智能农业”的定义是：“通过在现有的农业技术中利用其他行业的技术知识，主要指机器人技术，ICT技术等，提高农业生产率，并实现农产品高附加值化。”2001年，日本推出的《IT基本法》中提出运用智慧系统协助农业产业转型新业态的构想和愿景——超低成本&高附加值——打造智能机器人类替代型的智能农业新业态。

日本《21世纪新农政2007》颁布时，基本完成了国内农业结构的优化调整和农业机械化的全面推进，开始布局农业智慧化的战略，期望以此大幅降低农业生产成本和最大限度挖掘农业生产效能。

由内阁主导的《战略性创新创造计划》（SIP）之农业子计划《次世代农林水产业创造技术》，制定了明确的新技术研发重点领域和推进时间表。到2019年，包括无人自驾曳引机在内的计划农场用自动驾驶机械已经进入市场销售，远距农机自驾系统的设备在2020年上市销售。而领军研发自动驾驶宇宙监测系统和地面物联网运用系统的是日本富士通株式会社，研发目标是确保日本上空的两个卫星的信号与全自动无人驾驶汽车的信号系统毫秒不差地精准同步，从而确保不发生无人驾驶事故。

2014—2016年期间，日本政府重点推出农业云端和综合环境控制装置、畜牧生产等支援解决方案。日本矢野经济研究所的市场调查报告称，到2020年，日本智能农业的市场规模可望达到300亿日元。

日本新农政的农业智慧化进程，是在政策法规驱动下官产学研联动和成果活化应用，并以跨部门分工协作实施与推进的整体工程，其目标愿景与国家战略同步，经官产学研分工合作，以精细化和现代化的实施

① 陈彤．新农法与新农政下的日本农业复兴经验［J］．亚太经济，2019（5）：74.

架构分阶段推进。一方面，提供农作流程智能化、自动化及标准化农作服务，让任何人都可以轻松从事农作生产。另一方面，充分开发智能化的潜力，发展精密农业，并重点支持可穿戴机器人和自动驾驶设备的研发，期望通过智能化与精密化的机械辅助作业，最大化降低成本并减轻劳力负担。日本正在构建的智慧化农产品产销系统，则能够运用大数据更精准高效地追踪产销的环境条件，即时做出决策响应，实现对于环境、性状等最优策略执行的可能性，最大限度降低不确定性，以保证生产出优质农产品。

第二节　无毒化与绿色发展的农庄经济

请允许我用2012年在台湾花莲游学的感想，作为本节的开始，并将天蓝水碧的花莲，作为农庄经济无毒化梦想开始的地方。

链　接

农庄经济　载不动的乡愁

花莲，是台湾很著名的旅游胜地。因着得天独厚的环境生态，花莲成为台湾第一个“无毒农业区”，有机农场的经营“乡”味十足。

花莲最亮丽的名片应该是它的对于环境生态的保育和坚守。一条苏花公路、一条铁路，就是花莲和外面世界联系的纽带。

开车去花莲，在台风肆虐过后路禁解除的第一天，沿途还可以看到大面积的滑坡，但透过车窗偶尔窥见山下不远处蓝得一丝不苟的太平洋，还是兴奋得“啊”了一声。那种蔚蓝，有一种让人奋不顾身的冲动。花莲，美好如它的名字，明媚可人。为了留住这份明媚，去花莲的高速公路的修建一直推后再推后。滞后的交通物流业，让花莲放缓了发展的速度，但是赢得了良好的生态环境。人们在生态坚持与经济发展冲动之间做出了艰难的选择。这样的智慧和勇气，让人钦佩。

连接着欧亚板块和菲律宾海板块，独特的海洋性季风气候使花莲充满着不可预期的变化，习惯着地震和台风的频发。所以，花莲的有机农庄都离高山较远，有着肥沃的土壤。考虑到抗震，农舍一般都只有一层楼，沟渠田畦也是随着地形去经营，不加雕饰，一副以不变应万变的泰然自若。但还是看得出来主人在土地上精耕细作的痕迹，因为菜地里很少杂草，显然是经常有人来的。一草一木都自在地生长。农庄主干道是柏油路，路边也没有刻意种上名贵的树。农舍门前的空地，铺着黄色的沙砾，走在上面，偶尔会有沙沙的声响。农舍门口落地晾衣架上晾着白色的床单和被子。我想，若是住下，闻着有阳光的香气的被子，在虫鸣声中入睡，会一夜无梦吧。若是满天星斗的夜晚，农庄主人会领着你和孩子来到山麓的水池边上，教你听哪一声是青蛙在歌唱，哪一声是夜莺在歌唱，哪一声是虫儿在草丛的鸣啾。夏夜，或许还可以看到萤火虫吧，还有穿山甲……

“花莲无毒”果蔬 MARK 认证是花莲的骄傲。这里的有机，是真的有机！在有机农场，你可以体验到最“农”味的生活。单就“莲”的主题来讲，农场建有莲池，还有一些大水缸是用来培育各类新品种的。农场主人一家乐在其中，他们说的莲花的品种可能你转身就忘记了，但是他们对于莲花的热爱，却烙印在你的脑海里。你可以跟着他们，穿上水衣水鞋，到池塘里，一步一步踩着淤泥，体验一回采莲、挖藕的苦乐交集。自然，农庄的伴手礼，少不了“莲”的产品。

这样的农庄，自然地散发出一股古早味的乡村气息；这样的农庄，有着“结庐在人境，而无车马喧”的安详。这，不就是我们最想留住的乡愁吗？

台湾的农场，很多是这样简朴地执着于自然田园的，如花莲的蓝天碧水一样清新古朴，告诉你生活可以这样淡泊而专注。农场有自己的网页，一般客人都是先在网站预订，到周末总是客满。正是，“酒香不怕巷子深”。农场的主人，也学习，也时尚。和大陆一样，用学习和学位标榜

着自豪。况且，一颗渴望进步的心，何尝不是一种高贵呢？

台湾的农庄实践已经证明，对于环境生态的持续努力，8 到 10 年后所产生的生态附加值，将拉动农庄经济进入价值链增值的稳健回报期。同时，这样的回报是良性和可持续的，并且是农庄品牌建立的基石。正是，“宝剑锋从磨砺出，梅花香自苦寒来”。有机农庄兼具社会效益、经济效益和生态效益，并且历久弥香，是农村经济社会可持续发展的方向。因此，推行绿色农业耕作制度，推广“绿色—有机”生产范式，可以让大陆的农庄主人也自豪一回——让农人的社会和生态使命在农庄得以践行，让乡村文脉和中华传统在农庄得以传承。

我想说，农庄经济的发展，可以很从容。想一想，学一学，不要再留下太多的遗憾。如果要以牺牲自然和文化资源作为代价，那么，这样的发展是不可持续的；而毁灭性建设的代价，可能是将来要花几倍乃至上千倍的努力去重建和修复，而诸如古民居聚落这样的文化遗产，则是无法重现无法修复的，它所承载的，绝不仅仅只是一份传承！因此，农庄经济所承载的，不只是土地，不只是土地上的收益，还有我们经年的、载不动的乡愁……

【点评】

那天，我们的车子驶入花莲的大道，突然颤抖了一下。台湾老师说：“我在花莲长大，开车在路上遇到地震还是第一次！”或许正是由于台风与地震频频肆虐，花莲的人们才分外懂得珍惜天蓝水清的美好——坚持最初的样子，珍惜农庄的记忆，体验平凡生命中的惊喜。在朴实无华的讲述和随意的行走间，农庄主人自然流露出来的职业自信与热爱，就这样感染了你！

追求释放身心、回归自然的感受，远离都市的繁杂，让一切静下来、慢下来，到生活最初的安详里体味融融的幸福感，正是农庄经济未来想要变成的样子。

我观察到，作为中国农庄经济的特色项目模块，慢生活联盟 10 岁了，从理念宣导，到资源整合，再到项目落地，慢生活联盟在推动安全食品和在地特产的路上，动员了海峡两岸业界和业者的智慧与实践，是一项了不起的创举。也正是得益于海峡两岸的互动与合作，农庄经济的中国道路逐步走上了康庄大道——“生态—生活—生命”的农庄经济在地生长“三生理念”，从星星之火到燎原之势，赋予农庄经济价值教育的可贵精神与教化力量。

得益于闽台交流，如今的厦漳泉地区，正悄悄成为台胞聚居地。台湾同胞投资和承包的农庄，持续不断地把台湾的农庄经营方式和生活美学展示给大陆的乡亲，而大陆的乡亲也很快就看懂了、学会了，甚至精进了。如今的闽南地区已经日新月异，民众素质、政府服务都几乎无可挑剔，以致让近两年回乡的台湾同胞十分的意外：“如今家里的生活，比我们在外面还好！”

无毒农业首先由台湾地区提出，并在全球推广。这是采用物理植保技术和现代物理防疫技术进行农产品生产的一种现代农业模式，它涵盖设施农业和大田农业两部分。如大田露地网护、物理植保技术、农业生物技术，以及环境安全型温室、环境安全型畜禽舍、环境安全型菇房等。改革开放以来，酵素等农业生物技术及产品不断从台湾传入大陆，在水质净化、土壤改良、动植物病菌害防治、全价高氮氨基酸生物肥等领域，助力了中国无毒农产品生产的进程。

中国的科研机构也在积极探索农业生物技术领域的官产学合作。近5年来，中国国家标准严格控制在畜牧饲料里添加铅、铜等重金属元素，生物化肥和物理驱虫技术亦迅速推广，以更好地减灭农业污染源。生物酶工程研究室面向国家重大需求，依托自身建设的蛋白智能分子进化与合成生物学平台，全新设计和绿色智造了技术达到国际先进水平的葡萄糖氧化酶、干扰素等低成本、安全、高效的畜禽无抗养殖用生物制剂，在推动畜禽健康养殖、替代抗生素方面展现出较好的应用潜力。含超高效固氮菌的微生物有机肥料——丰田宝生物智能肥在山东大棚蔬菜上推广后显示，用肥量仅为常量的1/10，与用化肥的大棚组对比，增产显著且品质好。泰安市岱岳区东良甫村连续用该生物肥6年，种了12茬番茄，连年高产且无连作障碍。宁阳县华丰镇连续用该生物肥 4 年，黄瓜连年优质高产且无连作障碍，发病轻，施用农药量降低。对于此类应用前景好的科研成果，如果可以借鉴日本绿色农业技术推广的规范化经验，以法制保障推广路径和推广成效，将加速中国农庄经济的现代化进程。

链 接

日本绿色农业法规体系①

关于日本农村的绿色发展，日本政府制定了严谨而完备的农业农村治理的闭环法制体系。

旨在稳定价格和供应的安定畜产品价格相关法律，配合设定价格安定带制度，通过机构法人以收购、调整保管、出售方式调整价格。

以畜产为中心构建资源循环再利用体系的家畜排泄物管理适当化与促进利用相关法律，意在推广排泄物处理设施，重点推进堆肥化、饲料化和能源利用。

农林渔业的健康发展与和谐的可再生能源电力发电促进相关法律，旨在确保农业土地优良。

关于促进林业增长、产业化和森林资源的适当管理的法律，旨在指导环境和谐下的产业增长。

此外，废弃物处理计划——建立以日本农业协同组织为中心的回收与处理体系，并依托配送网点，构建区域低价肥料供给系统。

诚然，中国的农业科技成果的转化体系也在不断完善，转化效率不断提高，多元化的农业推广服务体系正在重建一度残破的乡村农业社会化服务体系。例如，中国唯一的国家级科技成果转化平台，集聚了中国

---

① 陈彤．新农法与新农政下的日本农业复兴经验［J］．亚太经济，2019（5）：68—70.

农业科技的前沿成果，在以市场化引领中国农业科技成果转化的同时，以物联网主导的智慧农业技术先行进入示范园区，其居高不下的市场价格成为推广的瓶颈，但似乎并不影响科研机构建立示范基地的热情。

反观台湾农业的“无毒化”，则是一场全民参与的运动，还带动了部分宗教团体与企业加入，例如著名的“慈济”机构就参与建设了有机示范农场。这场运动使台湾有机农产品栽培面积从 2001 年的 898 公顷迅速增加到 2005 年的 1335 公顷，并在 2001—2012 年 10 年间增长近 4 倍。2007 年，台湾地区全面实施《农产品生产及验证管理法》，该法明确规定有机农产品在生产、加工及分装流通等各项过程中除了必须符合主管机关订定的有机规范，并经依该法验证或进口经审查合格之农产品外，其农产品和农产加工品不得使用化学农药、化学肥料、动物用药品或其他化学品。只有经过验证程序认定为有机农产品或其加工品的，才被允许使用有机标识在市场售卖。

2008 年，台湾有关方面提出 50 年内让台湾成为“无毒农业岛”的愿景。之后，台湾管理部门力推“台湾有机农产品”标章，尤其注重以法律规范和持续的公益广告配合推广有机标章，教育消费者辨认有机标章的真伪，营造出全民有机的良好氛围。2009 年，台湾有关方面启动《精致农业健康卓越方案》，围绕建设“无毒农业岛”建构农产品健康管理模式，在农产品供应链系统力推三大标章认证系统——“吉园圃”（推动农业专区、扩展群聚效益）、“产销履历”（加强农产品认证验证管理）和“CAS 优良农产品”（拓展安全农产品行销通路）。

链 接

“花莲无毒”及其标章规范[①]

2004 年，台湾地区最生态的农业与旅游大县花莲县的农业局首先

① 陈彤．台湾有机农业发展特点与启示［J］．台湾研究，2013（3）：35—38.

提出“无毒农业”的口号，并且颁行了地方的“无毒认证”。办理果蔬“花莲无毒”认证大约需要几万新台币，主要针对土壤检测和水源检测开展认定，其他农产品以市场检验为准进行质量安全监管。“花莲无毒”在环境容量管控、农业产业链标章规范推行等方面的成功经验，成就了一个以无毒农产品和众多有机休闲农场著称的天蓝水碧的美好花莲。

台湾地区最早的规模化有机种植始于 1993 年花莲农改场在富里乡罗山村推动的有机稻米种植。2004 年，通过民意表决，罗山村全村稻田成为有机农村的示范地。发展到 2007 年，罗山村成为全台湾第一个“有机村”，即所有农业活动都符合有机认证。

转型生态休闲产业后的花莲，更加注重生态品牌和休闲观光教育，生态保育的理念得到普遍的认同，原本是当地养殖主业的养猪业因此淡出。花莲著名的立川农场，从 2003 年开始转型开办餐厅和水产养殖体验池，提供展示、解说等生态之旅服务，经过十几年企业化经营、规模化养殖、会展化经营，成长为年产值过亿元新台币的全产业链企业集团。

随着有机产业带动生态旅游转型实践，乡村 6 级产业在地生长——民宿、乡村体验、农产加工品业等带来的增值收益及其示范效应，带动更多乡村加入到有机休闲事业中来。

第三节　站在风口上的农庄康养

康养与农庄这两个传统的经营理念的回归与融合，成就的是一个全新的业态——农庄康养产业。这是一种集康、养、健于一体，能有效拉动区域内民宿产业发展的农庄经济形态。通俗地讲，农庄康养产业对应的是一种置身于农作、农事、农活与民俗之中，享受自然田园悠然静谧之美的度假消费。

康养概念对于农庄经济的嵌入，是对“两山”理论市场价值的实践。农庄作为乡村康养的基础，极大受益于康养对于绿色消费的需求，康养文化推动着农庄经济在经营业态及规范执行上的无毒化、智能化、数字化趋势，以迎合康养体验的消费升级。民俗、手作、农耕体验，诗书茶会，瑜伽、静心……传统文化与现代潮流在田园中尽情风雅。农庄康养，就这样给了你一个放松身心、亲近田园的去处。

康养农庄的消费者除了希望享受乡村清新的空气、良好的生态、无毒的农产品之外，对乡村的民俗文脉大多很有兴趣。研究也显示，当地村民的善意能够让康养体验有深入的舒适感，当地传统习俗及民间艺能能激起久居城市者的草根情怀。因此，在 1990 年代，乡村草根之旅一度风靡宝岛台湾。

在中国，众筹先行者们也曾经在康养领域火了一把，但却因为少了积淀而悄无声息。而在过去几十年里，乡村土地制度的瓶颈始终都是康养农庄迈不过的坎。

一、静静的慢生活

我尤其喜欢上海郊区的崇明岛，它低调而风华绝代。它离现代化很近，它也是传说中的蓬莱仙岛。作为慢生活与康养小镇的前哨，它让人浮想联翩，甚至联想到有 700 多年历史的荷兰古村——羊角村，静静的慢生活和弥漫的幸福感，一样浸润在岛上居民的骨髓里，游走在岛屿的文脉里……一种生活方式，就是一种生活态度。对于农庄经营者而言，一份浓厚的在地乡土味，则是十分宝贵的在地文脉资源，是打造在地产业名片不可或缺的元素。

如果将崇明岛看成一个偌大的农庄聚落，那么点缀其间的万顷芦苇荡里的木栈道、三民文化村的民俗与童趣、假日岛农庄冬季草莓节一路飘扬的红旗、山樱花生态农庄绚丽的春色，还有东平国家森林公园的芦祭节和陈家村整村打造的康养度假农庄，都是这个农庄聚落的一分子。这样一个禀赋多元而浑然一体的农庄聚落之岛，仰仗着 2400 多万小资情调的大上海消费人口的热情，随随便便一个农庄节庆都可以轻轻松松吸引来成千上万向往田园风情的游客。更加可贵的是，这里的农庄，始终保持着一份慢生活本色——沟渠里的河蟹总是可以年复一年地生长，农家乐的特色小吃总是可以刚刚好地满足您的味蕾；夜不闭户的农家总是让这里静静的夜色有暖暖的温度，田地里总是有喵星人慵懒的身姿，新翻过的土地上也总是会聚集来成群的白鹭……

2015 年初冬，我第一次踏上崇明岛，就被这里夜不闭户的淳朴民风和静悄悄的幸福气息，深深地折服了。于是，在 2015 年的游学笔记里，我记录下了这个生趣盎然却也不乏恬静从容的“桃花岛”，它的意韵与慢生活竟然如此默契！更加可贵的，是它一贯保有的那种繁华落尽后的纤尘不染，它亲民的价格就如同它的毫不做作的芦苇荡，静静迎接着一拨拨从凡尘喧嚣中抽身而来的客人。

链 接

静静的　幸福如花开放

有人说庄园经济是继家庭联产承包责任制之后的又一个重大的农业制度改革。这场变革，迎合了都市人日益强烈的回归田园的渴望和对于安全食品的渴求，还带动了社会生活审美和价值观念的回归……

简单生活、简单幸福，从来没有像这个时代那样弥足珍贵。

2004 年，崇明岛正式定位为生态岛。人们很用心经营着生态保育和园林绿化。没有突击式的发展，可是这样慢慢积蓄起来的生态潜力和农业旅游资源，已经显现出极大的开发潜质，正如这里黑黑软软的土地，让你看一眼就会联想到丰收的景象。今日的崇明岛，俨然就是一个偌大的庄园。

我到崇明岛的时候，已近傍晚，车行至总长 25.5 公里的世界最大规模隧桥工程——上海长江隧桥，天空开始飘起雪来。小米粒大的雪花伴着细雨，带着冬日的料峭，让我对这个一千多平方公里的岛屿顿时有了一种亲切的感觉。据说，崇明岛一年的降雪也不过 6 到 7 天，初到崇明的我不期而遇了这第一场雪，瑞雪兆丰年，我对接下来的行程，顿时有了期待。

尽管江风吹来，有一种很冻很冻的寒冷，但一边是滚滚长江，一边是近万顷芦苇荡，心打开了，天地之间任遨游的豪情，在静静的寒冷里油然而生。

正是冬日午后，阳光偶尔从云层探出头，打量着浩瀚长江边这片万里无垠的芦苇荡，于是，芦苇丛披上了一层金色的新妆，像阳光怀抱里的初生婴儿，仰着脸甜蜜地笑了，黄灿灿一片；河湾里波光粼粼，闪动着精灵的影子。风车、白云、水岸、长天，在阳光呵护的旷野，也都安静地幸福着。偶尔有白色的身影掠过芦苇荡，让人想起"落霞与孤鹜齐飞，秋水共长天一色"的萧然自在。其实，这片黑土地依旧是富庶的，只是这份富足在冬天含蓄了起来。若是您夏日来，可以看到堤下长长的河沟里，如婴儿拳头大小的崇明蟹，在夕阳的斜辉里，千军万马毫不羞涩地冲着您直奔而来，那么不要掩饰地尖叫好了，对于这样一种毫无防备的朴素的欢迎，点赞吧！这里是它们的家园。

于是，你会惊诧，这个从上海行车仅 1 小时穿隧过桥就到达的江中岛屿，竟然与繁华无关，竟然纤尘不染，竟然精致而乡村。如果你累了倦了，不妨来到这里，寻一处农庄住下来，三两天或者三两个月，静下来书写"岁月静好"，白天闲看潮涨与潮落，夜里听听花开花落的声音。在静谧之中，感受每一寸肌肤的生长，幸福的花朵就这样不知不觉在心底绽放，简单从容。

在崇明岛大大小小近 70 座农庄里，有"八朵金花"在四季依次绽放芳华，宛若这座幸福岛的四季长春曲。我拜访的山樱花生态农庄，虽然才经营 3 年，却已经显现出独特的园林气质。按照现在流行的长板理论，独特性是这个农庄的核心竞争力所在。农庄内蜿蜒的水道和不远处村庄内的长江支流遥相呼应，浑然一体。园林造景的借景效果，在崇明岛是不用刻意而为的，因为这个生态岛，就是一个自然天成的园林，小桥流水人家，随处的风景都是美不胜收的乡村写意。在鲜花盛开的时节，浮动的暗香给这个岛屿又添上了一抹彩虹般的瑰丽与美好。

山樱花的寓意是"幸福"，于是很自然地，情侣们会愿意在山樱花盛开时到这里留下幸福的记忆。所以，山樱花生态农庄的创意主题就是亲子和婚庆。想想看，在如轻霞薄雾的花海下漫步、吟诗、泼墨，或是闲坐水边，晒着太阳，品着花茶，有许多初春的花儿萦绕在膝边；可以垂钓，也可以遐思，一家子围坐着品尝亲手采摘的瓜果蔬菜；华灯初上，可以屏息听一听池塘里的蛙鸣，唤起一段旧时的记忆；可以和孩子们讲一讲，拇指姑娘和青蛙王子的故事，数一数天上的星星，娓娓道来关于星星的传说……静下来，闲下来，许多关于幸福的想象，农庄的主人都会一一地帮你实现。

这是一块正在苏醒的土地，都说它的形状如春蚕。它因伴着上海而小资，又因有了长江的滋养而丰腴，它保有着朴实无华的青涩，不施粉黛，宛若一个露珠一样清新的姑娘。如果你去到岛上，请放慢脚步，静静地呼吸，体会那种融化在天地万物之间的悠游自在。静静地感受幸福的萦绕，如花儿绽放般美好。

【点评】

在农村人口大量进城、耕地抛荒、空壳村大量出现的时代背景下，潜在商机激起了工商资本下乡的冲动。在 2015 年工商资本丢盔弃甲的投资生态里，精明的上海人在崇明岛上种植有机蔬菜直供上海市场，还种了成片的草莓、福建山樱花、薰衣草……500 亩地的适度规模，加上节庆的打造，此时的崇明岛已经出现了休闲康养主题的整村打造示范，很快吸引到八方资本，多彩多姿的农庄聚落就这样在市场化的推动下在地生长。那个时候，中国的慢生活联盟也才刚刚成立 5 年。

我看到，安“静”的崇明岛从容不迫、有条不紊地布局农庄经济。生态保护得很好，你可以很容易在任何一家农庄的田间沟渠里钓到螃蟹；政府的农业社会化服务做得好，送玉米种子，送蚕豆籽做绿肥，送水稻种子上门，该施肥该用药的时候化肥农药就送来了，还教你怎么用，边学着也就边用上了……

直到 2020 年“点状用地”政策落地，崇明岛都走在中国农庄经济改革试验的最前沿。而地方政府责无旁贷地给予了大力的支持和精细化的服务。乡村 6 级产业化，就这样在政府的推动与呵护下，在企业家的实践中，绽放着慢养农庄聚落之岛的朴实无华之美。这样的静美，迎合了慢养与康养的消费潮流，崇明岛农庄经济的策划者与参与者们一直深谙其中的道理。

2015 年，“互联网＋”、“生态＋”已经嵌入崇明岛农庄经营实践中。农庄经济作为这些潮流趋势的最优承载体，成为乡村文脉传承发展和乡村产业结构调整优化的领军力量。

一方面，农庄的在地化融入和带动，有助于提升乡村认同；另一方面，农庄经济对于在地乡村文脉的经营，既成就了农庄文化创意的核心价值，也推动了乡村社会和文脉的复兴。因此，农庄经济对于乡村发展的引领，既符合自身发展的需要，也践行了企业的社会责任，并与国家发展战略相一致。

崇明岛在农庄康养的道路上有着先天的优势，也承受着后天的呵护。或者它明天的定位，会是一个康养农庄之岛……

2015 年，崇明岛上加入农旅商贸战略联盟（简称农旅联盟）的农庄有 43 家，山樱花生态农庄也申请融入这个休闲农庄的大家庭。这个由农庄法人自发联盟成立的社团组织，得到崇明县委和旅游局的大力支持。农旅联盟采用平台对接的方式，上与政府下与农庄保持良性的互动，在现有农庄规模基础上集成资源，已经合力推出 7 条上海市区到崇明岛的四季周末生态农庄一日旅游线路，100 多元的价格定位，从上海的人民广场坐专车直达，采摘、品尝美食、赏花，这样的一天悠闲而充实。自助游的话，乘坐申崇大巴专线，是不错的选择。如若自驾，则可以停停走走，饱览岛上的田园风光。

农庄休闲度假的经营定位是品牌建立的基础。定位之后进行特色开发，传播品牌影响力，才能收获预期的效益。期待在农旅联盟的带领下，崇明岛上的农庄可以借着大都市的人们对生态“洗肺”和慢生活体验的日益增长的消费需求，用心经营各有特色的农庄生态与文化，用一种“静生活”的别样创意，去打造一个都市近郊的养生休闲、回归自然的“静氧吧”，感动上海市场。或许有那么一天，上海人节庆旅游的首选去处不再执着于苏杭了。崇明岛，成为不同于江南风情的江南，到这里来一次“静生活”的体验，会省去许多旅途奔波的劳顿。

二、康养农庄与新经济

康养农庄迎合了都市养老社群回归乡村的需求，顺应了国际康养产业发展的绿色潮流。世界经验也表明：在地文脉的传承与创新、养老资源的集聚、智能产品的替代性研发等对于提升康养生活品质，具有积极的意义。在新西兰，风景优美的退休村有专业基础护理设施与医护人员，为能自理的老人在养老基地提供个人居住空间，还兼顾到个性化与社群化需求。同时，志愿服务的发达体系和制度设计，渗透到助老生活的每一个细节与领域。

作为一种发展趋势，发达地区的智慧养老强调远距离照护、智能机器人陪护、环境辅助生活系统、智能助老器械装备等概念的落地与应用。目前，机器人的研发应用已经从老年人衣食起居的照料机器发展到具有感知和情感功能的机器人类，可以帮助老人运动并提供娱乐互动和生活建议。

而早几年，台湾地区曾尝试集政府和民间大企业的资源试验乡村“长住旅游”，期望能够经营留驻 2 周以上的康养旅游客源。为此，台湾有关方面也曾不遗余力向全世界推介台湾的乡村旅游资源。而在中国大陆，康养农庄的市场潜力吸引着工商资本的目光，觉悟的乡村也开始明白身边的绿水青山才是打开幸福之门的钥匙。

链　接

台湾长庚养生文化村

在台湾地区，有一处著名的长庚养生文化村。这里倡导的是一种“不知老矣”的村庄康养文化，即“活到老，做到老”，提倡志愿服务。村庄住宅的土地是政府作为福利低价划拨的，采用全域化无障碍设计，提供 24 小时安保，生活配套服务功能齐全，进出刷门卡，入住价格却不高。凡年满60岁配偶年满50岁的老年人都可申请入住。另外，还有供病患者入住的长庚护理之家建在村庄一侧。文化村不享受政府补贴，接受慈善机构捐助，设有村民代表参加的村民管理委员会，设村长一人，自主经营和管理村庄事务。村庄的管理分成有酬工作和志愿义工服务。村内居民积极参与义工活动，凡做满一定的义工时间，就可以减免缴纳部分管理费用。

回归乡村社区体现了人类超越自我需求的渴望。心理学家马斯洛发现，超越自我的需求不仅存在于宗教界人士、诗人、知识界人士、音乐家之中，也存在于企业家、事业家、教育家、政界人物中。而田园综合体、美丽乡村等农庄项目的自然与生态特质正迎合了超心理学静修与公益的倾向。而在地化养老的资源禀赋一旦形成，就能启动市场引擎。也就是说，城市中产群体的养老市场一旦被激活，各种社会资源就会快速集聚来推动供需对接，进而带动乡村公共服务的投资，最终形成康养农庄的极核效应，进而吸引乡村人力资源回归就业和创业，开启乡村社会创生活化之路。

于是，在数字时代，社群经济由网络路径走入乡村。社群作为城乡一体化康养的影响力中心，其自组织性、民间性与嵌合性特质，衍生出老年志愿服务社群、艺能社群、信俗社群、社交社群、兴趣社群和民间老年协会等多元自组织类型，它的开放性与相互嵌入性，也往往模糊了社群边界。进而，一群有共同兴趣、认知、价值观的老年人抱团养老，基于社群化的互助养老模式层出不穷，所衍生的社群经济会在社群内外形成自运转、自循环的范围经济系统，从而推动农庄康养产业依循层级服务需求沿着纵向链条化和水平细分化方向去拓展康养平台及其服务功能。于是，一个个形式各异的候鸟式康养基地在中国大地出现了。消费偏好和区位特征决定着它们的产业形态和价值定位。

一些经济条件好、热爱乡间生活的城市老人结伴到宜居的乡村租地过起了自给自足的农家生活，他们有的租住农舍，有的居住在子女买的房车上。时间久了，就形成候鸟式康养乡村。这些城市老人与乡村老人和谐相处，向乡村老人学习农耕。乡间朴素的民风也让这些城市老人的身心得到释放。

福建省泰宁县政府因此规划候鸟小镇，期望倚靠天然氧吧资源和武夷山、泰宁一日游风景区的联动优势，鼓励民间资本投资建设大金湖候鸟式养老颐养中心。可见，候鸟式养老是中国中产阶级的养老时尚，也是不少基层政府关注的支柱产业。但康养农庄不可能一蹴而就，养老服务设施的标配、养老文化的养成、养老服务人才的专业培训都还有很长一段路要走，而将空心村打造成康养农庄似乎是最受工商资本青睐的。

在中心城市周边的美丽宜居的乡村打造康养庄园，将园外的田园风情尽收眼底，是一种投资智慧。广东省河源市是一个毗邻深圳市的自然生态优越的小城，在航科量子农业田园综合体项目的附近，早已有了一座康养庄园——巴伐利亚庄园。这样的聚落性，并非纯属巧合，而是锦上添花，相得益彰。

链 接

深圳的巴伐利亚庄园

位于深圳市河源城区的巴伐利亚庄园，是一个依据“健康养生、禅修养心、旅居养老”理念打造的文旅示范试验项目，2019 年 5 月 14 日被国家文化和旅游部确定为国家级旅游度假区。庄园以医养结合的定位构建生活化的康养庄园，配有现代体验农场、云健康乐居住宅群、生命如意家园、温泉酒店群、全球首座以客家土楼建筑为特色的福源寺、国医国药温泉、四季旱雪滑雪场、国际体育公园、元气森林，以及婚庆中心、欧亚集市、七大中西特色餐厅，还有一个建立全龄教育社区的愿景。这样一个身心脑提升、生态颐养且生活配套完善的康养农庄社区，目前的定位是中高端康养消费市场。若是发展乡村加盟农庄，或是将经验模式乡村化，再植入慢生活、极简主义等理念，进行差异化定位，则可以进一步满足不同消费群体的康养需求。

北京郊区的山里寒舍则是一处由古村落改造成的乡村酒店群。它地处偏远，村内民居空置率高达 80%。企业资本租用整个村子的宅基地和田地，改造建设成拥有 86 套创意乡村民居及 15 亩公共配套功能设施的山里寒舍创意乡村休闲度假区，预计开发的配套设施还包括会所、高尔夫球场、马术场、SPA 中心、会议中心、多功能娱乐中心、泳池、手工坊、农耕博物馆等。这是一个资本注入的嵌入现代城市元素的空心村改造范例。

2020 年，崇明岛上的前卫民宿村似乎也将开始这样现代化的华丽转身，以迎合大都市圈高端康养市场的消费需求。区位特征决定的行业业态确实成为康养农庄发展战略的重要考量因子。

诚然，康养农庄和民宿业通常是一个联合体，在实践中，农庄经营者往往倾向于轻资产模式，希望能够依托所在乡村发展民宿，共同打造全域旅游康养名片，从而获得良好的外部性收益。基于目前中国乡村休闲康养旅居度假市场的现状，2020 年，资金申报网总结了四种农庄康养的类型。它们的未来，正走进城乡融合的新世界。

第一种类型，以静养康。

本书开篇所说的崇明岛上的静生活和慢生活，正属于这一类型——静静地游走在乡间，可以做些什么，也可以什么都不做，回归身心的平衡与祥和，如三民文化村、假日岛农庄这些崇明岛农庄聚落里的普通一员。如果农庄里面有瑜伽馆，或者很有格调的冥想空间，就可以经营并吸引到一些相关的社群。而垂钓、书画、采摘、给动物们喂食、一叶轻舟上的日光浴，这些安静怡情的项目，是每一个农庄都可以有的。

在美好的大自然里，与动物共情，与植物共生，让灵魂停留下来，来一场天人合一的相会吧。偶尔有小火车环绕农庄，于静美中平添生气。茂丰休闲农庄的田园综合体正是这样一种动静相生的存在。

第二种类型，以气养康。

很单纯，很文创，亦很天然，经典如在台湾称作“洗肺”的山林之旅。2012 年在台湾调研途中，台湾老师告诉我，他们会每隔一段时间带学生们或者课题组一起到一个山里空气好的地方，住上几天，让周遭充沛的富氧离子洗洗肺，补充一些灵感和能量，然后焕然一新地回到城市。于是，我们到一个叫做“巴巴坑道”的地方，那里有一个隐于密林之间、由一个很小的废矿井改造的小小的矿井主题项目，休憩区是一个餐厅和绿植创意走廊。走廊在餐厅外面，一些座椅很园艺地融入植物文创廊道里。一些珍稀的植物，不时给我一个惊喜。矿井在不远处，感觉是很迷你的矿址，但是边上建了一个博物馆，一些图片和矿石陡增了文化的气息。

走进餐厅，我发现从入门处就被设计得别具一格，每一处都被很用心地加入文创元素。灯光暖暖的，有点暗，点缀的矿石不时提醒我，这里是一个模仿矿井坑道的餐厅，却不乏后现代的审美。

餐厅内里空间不大，桌子与桌子之间的隔断若隐若现，不露痕迹却令人安心。里面已经有三两对情侣落座。这样的景点，每天接待的游客并不是很多，但是它被森林环抱着，而矿井主题的创意真是用心和精致到无可挑剔，于是成了年轻人约会和一家人休闲的好去处。

我想附近一定有民宿，果然，车行 20 分钟，就到了一处民宿，朴实无华却干净利落。主人像是一个返乡精英，温文尔雅，很热情地带我参观——原来后院有条小路通往小溪，住民宿的客人大多是喜欢去溪边玩的。于是我又想，这些小小的项目隐于山林中，完全不改变周围的花草树木，不形成聚落，看似孤零零的，却互相呼应，倒是有了一种曲径通幽的野趣。离开时，我顺便买了 1 包黑糖。台湾老师介绍说，黑糖是做来卖给游客的，很受欢迎。

第三种类型，以文养康。

这一类适合那些喜欢探访和体验乡村生活与风土人情的人。旅行之不同于旅游之处，在于对在地人文之美的感悟和感动。在一个地方安安静静地住下来，一个星期甚至一个月，让自己随性地沐浴在民风民俗的传统魅力里，这正是时下流行的深度旅游风尚。这样的康养之旅，对于康养者的身心，都是最好的放松与滋润，很容易让人联想到丽江的民宿和雪山下的沃野。前面介绍的台湾花莲小雨蛙生态有机农场，它就像一座邻家的田舍，黄色沙石地面，铁皮屋餐厅，农舍改造的民宿一字排开，门前的空地上晾晒着被褥，一派天然去雕琢的原真。这样的农庄民宿，几乎每个周末都会被提前预订满——只为了在小小的荷塘体验一把采莲的乐趣，只为了在日落之后去山脚下听一听蛙鸣。

第四种类型，以食养康。

寻访乡村特色美食的慢养之旅，亦是很吸引人的。对于康养农庄，美食的优势显而易见。农庄可以毫无悬念地提供绿色食品和当地特色美食。在农庄住下来，可以参加周边一日游的团队，也可以骑上农庄的单车在阳光下走走停停。对于特色和养生美食的消费偏好，也会促进农庄做起表率，坚持出品健康并且自然成熟的食品，还可借光中华传统养生文化的精髓，以及东方传统里“春生、夏长、秋收、冬藏”的四季饮食康养之法，以“不时不食”的理念，去填饱一路寻来的“吃货”们。

现如今，生态保育和健康饮食的理念业已深深融入农庄康养文化之中。面对2020年的新冠肺炎疫情，茂丰休闲农庄推出“茂丰夏日伏羊宴”，聚焦三伏天养生，不失时机推介养生生态食谱。从养生的角度出发，把当地的美食结合进来，这是农庄康养的必修课，杯盘交错间亦是对中华传统饮食养生文化的一次体认与弘扬。

三、农庄经济土地政策的破冰之旅

站在农庄康养的风口，中国各地的政府都不遗余力地服务和引导工商资本进入农庄康养的市场。随着2021年《民法典》的实行，围绕民宿经营的土地政策明朗了。但中国乡村土地流转制度的改革，依然面临着价值发现与价值体现的难题。在价值发现领域，城乡一体化的土地市场面临乡村土地市场化价值低估的问题。在价值体现领域，弱质的乡村产业和日益退化的乡村生态无法支撑土地的市场价值，“两山”理论在另一层面警示了中国乡村发展的生态之殇。

随着农庄土地规模化经营的推进和农庄经济的在地成长，市场与消费认同会反过来推动农庄经济规模经营的发展。于是，土地价格、农产品价格和农庄经营规模成为乡村土地流转市场的重要影响因素。

2019年出台的新《中华人民共和国土地管理法》，明确了农村土地的三权分置，明确了农户对于农地的承包权不变，对于乡村宅基地的资格权不变，这给了农民离乡不离土的保障和叶落归根的承诺。然而，乡村土地制度的演进是一场博弈中的市场化改革。其一，土地仍然是农民生存保障的最后一根稻草；其二，低廉的地租无法形成推动土地流转的强烈意愿。因此，如果让农户自主选择，会有相当多的农户选择以民间的方式出租甚至无偿出借土地经营权，以方便需要的时候收回自用；或者选择较短的出租年限，比如在闽南地区，1 到 5 年的租地合同占六成以上，但这样的短期合同，对于经营周期长的农庄经济项目而言，显然存在一定的投资回报风险。乡村土地流转、农庄适度规模和乡村可持续发展之间的协同问题，在今后一段时期内，尚需破解，并期待市场化的探索经验。

目前，首要的莫过于建立健全城乡一体化的土地流转市场机制，尽可能维护土地流转中农户的财产权益，彰显制度的优越性。在以往乡村土地流转的利益分配中，出租方往往只是收取租金或者兼业打工，并无渠道参与获得项目经营收益。试点了多年的土地股份合作社和土地信托在一定程度上强化了农户谈判话语权，但现有的制度设计依然没有建立起很好的利益协商机制，出租方（农户、国有农场、村集体）、流转中介（各级政府土地流转服务平台、土地合作社、村集体）、承租方（种养户、农企业、工商资本家）三者间未能有效沟通充分表达利益诉求，因而农户个体在土地流转中的弱势地位始终未能改变。在现实操作中，土地流转的价格通常被低估了，个别因产业链成长被高估的土地仅偶尔存在。低估的往往是抛荒的土地，高估的情况主要有两种，一种是位于城郊的存在土地升值预期的，一种是因乡村产业带动等因素致使土地产出提高而抬高土地价值的。

2020 年春天，农庄经济项目终于盼来了更加宽松的土地政策——中央一号文件鼓励地方政府借鉴浙江等省的实践经验，配套出台诸如文旅项目用地中“点状供地”这样的好政策。

链 接

莫干山农地入市

莫干山率先鼓励乡村集体组织通过“调换土地所有权自行入市、建设用地复垦指标交易入市、集体经济组织之间合作入市、镇级统筹整体规划统一入市”等多个路径盘活乡村土地资源，此项改革惠及乡村10万余人。

2015年8月，莫干山镇仙潭村以307万元的价格，将原本废弃多年的乡镇企业地块使用权出让给“醉清风”度假酒店，开启了全国农村集体经营性建设用地入市常态化运作的先河。2018年，配合莫干山“美丽大花园”建设，还对效果突出的村实施了土地入市指标的奖励。

这样的指标奖励每年为1亩到2亩，允许拍卖变现后再投入到村庄建设中，也有的村庄由村集体牵头入股农庄项目，村集体和村民可以享受分红。将来，会有更多的共赢方案在基层探索出来。

说到“点状用地”，时间要回到2018年6月浙江省发布《关于做好低丘缓坡开发利用推进生态“坡地村镇”建设的若干意见》，提出重点支持乡村集体经济组织发展文旅项目。其中，上海市人民政府《关于印发本市全面推进土地资源高质量利用若干意见的通知》（沪府规〔2018〕21号）指出，要促进农业与旅游、文化、教育、康养等产业的深度融合。上海市规划国土资源局《关于推进本市乡村振兴做好规划土地管理工作实施意见（试行）》（沪府办规〔2018〕30号），批准按照建设用地管理的乡村新产业新业态项目，可以实施“点状”和“带状”布局。上海市旅游局、市农委《关于促进本市乡村民宿发展的指导意见》（沪府办规〔2018〕21号），鼓励优先发展休闲农业和乡村旅游（民宿）配套设施的建设。

同年7月，广东省出台《广东省促进全域旅游发展实施方案》，支持乡村集体组织改建民宿、创客空间等文旅项目载体，同时允许乡镇在总规划的土地里预留最多5%的建设用地用于建设乡村旅游设施，并可从省新增建设用地指标中统筹解决。同年10月，吉林省发布“冰雪令”规定：凡投资乡村旅游项目，符合各类规划的，可实现“点状供地”；凡投资文化旅游项目，可采取先租后让的方式取得土地使用权；不属于永久性建筑的项目，只要与原土地使用人协商一致后，可直接建设项目，不需办理建设用地手续。2019年，同样是山多地少的四川省跟进试行《关于规范实施“点状用地”助推乡村振兴的指导意见》。重庆“归原小镇”之前面临的供地难、不符合规划、不予立项的问题，依据“点状用地”政策依据点状规划报批后，不仅问题解决了，还大大减少了占地指标和投资的资金压力。周边农户不仅每年增加了租金收益，还被带动参与到归原小镇的运营和建设中。

最终，由浙江省首倡的“点状用地”在各省的典型经验，被证明适合占地面积大、建筑用地面积小、容积率低的自然生态风光型农庄项目。尤其是上海市的点状供地实践，以细化、系统、全面的设计思维，盘活了城郊乡村的土地。

链接

东禾九谷开心农场

2020年3月21日，崇明区竖新镇东禾九谷开心农场获批成为新落地的首个乡村振兴“点状供地”项目，一个扎根多年的工商资本下乡的6级产业化农庄经营项目加速发展起来。

从最初的承租千亩农田种植水稻，到改建农宅开发民宿，再到2018年建成高品质大米加工厂，东禾九谷开心农场初步实现农庄经营一二三产融合，站在了政策利好的风口。

在“点状供地”的供地规模上，崇明乡村文旅项目“点状供地”的一个“点”面积在6亩左右。拿东禾九谷项目来说，拿到了3个近20

亩的“点状供地”地块打造民宿集聚休闲区。①

上海市政府在项目导向和目标定位方面可谓十分用心和细致，一方面扶持农庄项目，一方面引导其带动村集体经济组织发展与农民增收。首先，上海市政府在项目出让合同中明确提出了管控要求——要求建筑风貌体现崇明生态岛的“中国元素、江南韵味、海岛特色”、要能带动区域现代农旅服务业品质的提升和多元化业态发展。同时，明确要求项目主体“租赁改造相邻区域一定规模的集体经济组织存量物业、农户宅基地用于项目统一运营”，以此为集体经济组织输血。

综上所述，在农庄康养潮流推动下，集体农庄和田园综合体带动着康养农庄经济蓄势待发。而我们更加关注的，是项目能否给当地的村民带来切实的福祉。

话题回到了农庄经济的带动性问题。目前的农庄康养，已经在空心村改造和贫困村就业方面有了切实的成效，但是在带动在地民宿业成长、激活草根的产业原动力方面，应该还有很长的路要走。幸而，在中华大地上，有这么一些乡建团队，诸如北京画家孙君发起的“绿十字”这样的公益组织，在脚踏实地播种着乡村教育的种子。他们创新了最早的“乡村讲堂”的模式，将村民文化基因激活，并唤起他们对于在地文脉的自豪感。

孙君和他的“绿十字”在“农本”的核心理念指导下，提出乡村生活是包含生产的乡村生活，乡村产业是架构于生活之中的。为此他提出了一个口号“让农民回归平静的生活，安居乐业”，而不过分追求经济指标和项目成就。

架构于生活之中，道出了康养农庄之要义。因此，康养农庄与村庄的关系是共生的。而在村庄文脉的修复与乡村文明的教化方面，类似“绿十字”这样的非政府组织是大有可为的。

---

① 崇明首个乡村振兴“点状供地”项目动工. 中华人民共和国农业农村部官网，2020-03-23.

在孙君的郝堂村项目遭遇了最初的失败之后，他进行了反思，随后去了台湾地区考察取经。回来之后就着手推动政府购买服务的非政府发展模式。于是，从郝堂村开始，首个政府购买服务的非政府模式启动了，第一个项目争取到200万元左右的政府资金，用于推动新生活和村民自治。

与此同时，温铁军、逯浩（2019）提出了农户理性和农户家庭劳动力组合理论，认为农民工作为一个特殊的有产阶层，其家庭的劳动力是围绕着小农经济产业链分配的。[①] 我在郝堂村调研时也了解到，村民到了50多岁时，有1/3会选择回乡安度晚年。随着年龄增长，回家乡的人越来越多。因为作为他们生活基本保障的田宅在老家，叶落归根的传统还在。

因此，农庄经济之于乡村振兴的带动性，要先从帮助乡村社区复苏开始。也就是说，聚落性，是农庄经济商业价值最大化的助力。这种聚落性，有两层含义。首先，是村庄的聚落性，民俗、宗族、土特产所形成的乡土风情，来自千百年村庄成长的积淀，是十分宝贵的人文资源。其次，是农庄产业的聚落性。这样的聚落大多会认同一种共同的基本价值，就好比崇明岛，行走在岛上，“生态”“慢生活”的体认感会由衷地在心里升起，岛上大大小小的农庄、民宿和农业公园，十分默契地在静悄悄中绽放“慢生活”之花。

出于对农庄经济的成长预期，《健康中国2030规划》（以下简称《规划》）将2030年中国康养产业规模目标定为16万亿，并对康养小镇及生态养生健康小镇产业体系寄予厚望，“乡村养生＋文旅休闲”的农庄康养模式正在进入发展的快车道。

《规划》中康养小镇主要建设标准为：该区域年均PM2.5值小于或等于50、负氧离子标准浓度大于或等于5000个每立方厘米（远高于世界卫生组织清新空气的负氧离子标准浓度不低于1000—1500个每立方

① 温铁军，逯浩．新时代“三农”与“三治”问题的内涵转换及其问题域［J］．西安财经学院学报，2019（4）：5—16．

厘米的标准），活动范围在3平方公里以上，并且有发展医疗产业的环境基础。

与此同时，新基建、“新村民”，带着书院之风文创之美走进乡村，给农庄康养带来了生机和活力。于是我们看到，当传统的藩篱被打破之后，新的乡村人才格局出现了，农庄康养产业开始了天马行空的乡土创造。在没有先辈经验的道路上，不存在后发优势也不再执迷于弯道超车，只有绿色发展的愿景。产业、科技和生活美学的驱动，为我们在黎明的薄雾中推开了一扇窗，吹拂进来的，是一缕缕的田园之风。

参考文献

[1] 李娜．日本农业产业融合的新进展及启示——以“知识聚集和活用场所”为中心 [J]. 亚太经济，2020 (4).

[2] 张晓山．习近平“城乡一体化”思想探讨 [OL]. 人民网—人民论坛，2015-10-21.

[3] 刘梦月．论我国庄园经济存在的问题及对策研究 [J]. 前沿，2013 (2).

[4] 谷源洋．越南庄园经济的发展及其存在的问题 [J]. 亚非纵横，2004 (2).

[5] 沈水根．庄园经济的风险及防范对策 [J]. 特区经济，1999 (2).

[6] 于建嵘．中国现代“庄园经济”研究 [J]. 农业经济问题，1999 (3).

[7] 陈彤．中国农庄经济成长的土地政策研究 [J]. 东南学术，2015 (5).

[8] 2020 年中央一号文件公布　提出两大重要任务 [OL]．新华网，2020-02-06.

[9] 确保如期完成“三农”硬任务的总部署——透视 2019 年中央一号文件四大信号 [OL]．新华网，2019-02-02.

[10] 中共中央　国务院关于落实发展新理念加快农业现代化　实现全面小康目标的若干意见 [OL]. 新华社//中央政府门户网站．2016-01-27.

［11］黄宗智，彭玉生．三大历史性变迁的交汇与中国小规模农业的前景［J］．中国社会科学，2007（4）．

［12］新疆银监局课题组．“家庭农场”融资需求及支持模式研究——以新疆县域农业现代化调研为例［J］．金融发展评论，2014（5）．

［13］周坤．“城乡统筹”与乡村旅游：乡村意象的保护与再造［J］．商业文化—社会经纬，2008（02）．

［14］张晨．台湾农村再生计划及对推进新农村建设的启示［OL］．2012中国城市规划年会论文集，2012．

［15］肖锋．乡村建设的中国难题：农二代三代回不去进不来［OL］．新周刊，2012-01-13．

［16］孙君．农道［M］．北京：中国轻工业出版社，2015．